초등영어 리딩이 된다 Jump 1

지은이	NE능률 영어교육연구소
선임연구원	김지현
연구원	서수진 권영주 김그린
영문교열	August Niederhaus MyAn Thi Le Nathaniel Galletta
디자인	(주)홍당무
내지 일러스트	곽호명 민인숙 안홍준 오즈 조화평 최원선

Photo Credit   Shutterstock

초등영어

리딩이 된다

Jump 1

단어장

UNIT 01 Changing Stars

1	look at	~을 바라보다
2	sky	명사 하늘
3	night	명사 밤
4	we	대명사 우리
5	can	~할 수 있다
6	see	동사 보다
7	star	명사 별
8	and	접속사 그리고
9	some	형용사 몇몇의
10	pattern	명사 무늬
11	look like	~처럼 보이다
12	people	명사 사람들 (person의 복수형)
13	other	형용사 다른
14	animal	명사 동물
15	these	형용사 이 (this의 복수형)
16	constellation	명사 별자리
17	can't	~할 수 없다

18	always	부사 항상
19	same	형용사 (똑)같은
20	change	동사 변하다
21	from A to B	A에서 B로
22	season	명사 계절
23	why	왜
24	earth	명사 지구
25	spin	동사 돌다
26	also	부사 또한
27	go around	(동그랗게) 돌다
28	sun	명사 태양
29	behind	전치사 ~의 뒤에
30	then	부사 그러면
31	them	대명사 그것들 (they의 목적격)
32	so	접속사 그래서
33	different	형용사 다른
34	each	형용사 각각의

UNIT 02 Twinkle, Twinkle, Little Star

1		twinkle	동사 반짝반짝 빛나다
2		little	형용사 작은
3		star	명사 별
4		know	동사 알다
5		this	형용사 이
6		song	명사 노래
7		now	부사 이제
8		let's	~합시다
9		sing	동사 노래하다
10		alphabet	명사 알파벳
11		these	형용사 이 (this의 복수형)
12		sound	동사 들리다
13		same	형용사 (똑)같은
14		because	접속사 때문에
15		have	동사 가지고 있다
16		melody	명사 멜로디
17		there was~	~이 있었다

18	famous	형용사 유명한
19	Austrian	형용사 오스트리아의
20	composer	명사 작곡가
21	name	명사 이름
22	heard	동사 들었다 (hear의 과거형)
23	French	형용사 프랑스의
24	folk	형용사 민속의
25	change	동사 바꾸다
26	a little	약간(의)
27	man	명사 남자
28	put	동사 넣다
29	poem	명사 시
30	became	동사 ~이 되었다 (become의 과거형)
31	later	부사 나중에
32	someone	대명사 누군가
33	everyone	대명사 모두
34	together	부사 함께

UNIT 03 The Hubble Space Telescope

1	space	명사 우주
2	telescope	명사 망원경
3	scientist	명사 과학자
4	launch	동사 발사하다
5	still	부사 아직
6	in	전치사 ~에
7	very	부사 매우
8	large	형용사 큰
9	weigh	동사 무게가 ~이다
10	and	접속사 그리고
11	long	형용사 ~만큼 긴
12	go around	(동그랗게) 돌다
13	earth	명사 지구
14	satellite	명사 위성
15	travel	동사 이동하다
16	about	부사 약
17	second	명사 초

듣고 따라 읽어 보세요!

18	has	동사 가지고 있다 (have의 3인칭 단수형)
19	camera	명사 카메라
20	take a picture	사진을 찍다
21	star	명사 별
22	planet	명사 행성
23	galaxy	명사 은하
24	discover	동사 발견하다
25	new	형용사 새로운
26	thing	명사 것
27	with	전치사 ~로
28	learn	동사 배우다
29	a lot	많이
30	thanks to	~ 덕분에

UNIT 04 The Oldest Observatory in Asia

1	know	**동사** 알다
2	oldest	**형용사** 가장 오래된 (old의 최상급)
3	observatory	**명사** 천문대
4	Asia	**명사** 아시아
5	people	**명사** 사람들 (person의 복수형)
6	built	**동사** 지었다 (build의 과거형)
7	during	**전치사** ~동안
8	kingdom	**명사** 왕국
9	look at	~을 보다
10	star	**명사** 별
11	now	**부사** 지금
12	national	**형용사** 국가의
13	treasure	**명사** 보물
14	National Treasure	국보
15	number (No.)	**명사** 숫자; 번호
16	there are ~	~들이 있다
17	some	**형용사** 몇몇의

듣고 따라 읽어 보세요!

18	▢ ▢ ▢ ⊂⊃	hidden	형용사 숨어있는
19	▢ ▢ ▢ ⊂⊃	has	동사 가지고 있다 (have의 3인칭 단수형)
20	▢ ▢ ▢ ⊂⊃	window	명사 창문
21	▢ ▢ ▢ ⊂⊃	layer	명사 층
22	▢ ▢ ▢ ⊂⊃	above	전치사 ~보다 위로
23	▢ ▢ ▢ ⊂⊃	represent	동사 나타내다
24	▢ ▢ ▢ ⊂⊃	month	명사 달
25	▢ ▢ ▢ ⊂⊃	year	명사 년(年)
26	▢ ▢ ▢ ⊂⊃	stone	명사 돌
27	▢ ▢ ▢ ⊂⊃	in all	모두 합쳐
28	▢ ▢ ▢ ⊂⊃	queen	명사 왕비
29	▢ ▢ ▢ ⊂⊃	ruler	명사 통치자

UNIT 01 Different Areas, Different Plants

1	farmer	명사 농부
2	grow	동사 재배하다
3	different	형용사 다른
4	kind	명사 종류
5	plant	명사 식물
6	area	명사 지역
7	plain	명사 평야
8	large	형용사 큰
9	flat	형용사 평평한
10	land	명사 땅
11	around	전치사 주위에
12	river	명사 강
13	can	~할 수 있다
14	get	동사 얻다
15	water	명사 물
16	easily	부사 쉽게
17	from	전치사 ~으로부터

18	make	동사 ~하게 만들다
19	richer	형용사 더 비옥한 (rich의 비교급)
20	a lot of	많은
21	crop	명사 (농)작물
22	we	대명사 우리
23	see	동사 보다
24	rice	명사 쌀
25	wheat	명사 밀
26	other	형용사 다른
27	there	부사 그곳에서
28	how about	~는 어떤가요?
29	mountain	명사 산
30	high	형용사 높은
31	cooler	형용사 더 시원한 (cool의 비교급)
32	than	접속사 ~보다
33	corn	명사 옥수수
34	potatoes	명사 감자들 (potato의 복수형)

UNIT 02 Plants Make Their Own Food

1	plant	명사 식물
2	make	동사 만들다
3	own	형용사 ~ 자신의
4	food	명사 음식; *영양분
5	how	어떻게
6	use	동사 이용하다
7	three	세 가지의
8	thing	명사 것
9	nature	명사 자연
10	first	첫 번째의
11	water	명사 물
12	root	명사 뿌리
13	get	동사 얻다
14	soil	명사 흙
15	then	부사 그러면
16	go up to	~으로 올라가다
17	leaves	명사 (나뭇)잎들 (leaf의 복수형)

18	⬜⬜⬜ ⊂⊃ second	두 번째의
19	⬜⬜⬜ ⊂⊃ sunlight	명사 햇빛
20	⬜⬜⬜ ⊂⊃ have	동사 가지고 있다
21	⬜⬜⬜ ⊂⊃ green	형용사 초록색의
22	⬜⬜⬜ ⊂⊃ chemical	명사 화학물질
23	⬜⬜⬜ ⊂⊃ light	명사 빛
24	⬜⬜⬜ ⊂⊃ sun	명사 태양
25	⬜⬜⬜ ⊂⊃ third	세 번째의
26	⬜⬜⬜ ⊂⊃ gas	명사 기체
27	⬜⬜⬜ ⊂⊃ air	명사 공중
28	⬜⬜⬜ ⊂⊃ through	전치사 ~을 통해
29	⬜⬜⬜ ⊂⊃ change ~ into…	~을 …로 바꾸다
30	⬜⬜⬜ ⊂⊃ sugar	명사 당
31	⬜⬜⬜ ⊂⊃ oxygen	명사 산소
32	⬜⬜⬜ ⊂⊃ give	동사 주다
33	⬜⬜⬜ ⊂⊃ energy	명사 에너지
34	⬜⬜⬜ ⊂⊃ us	대명사 우리 (we의 목적격)

UNIT 03 Water Lilies

1	▢▢▢ ▭ painter	명사 화가
2	▢▢▢ ▭ from	전치사 ~출신의
3	▢▢▢ ▭ France	명사 프랑스
4	▢▢▢ ▭ be famous for	~로 유명하다
5	▢▢▢ ▭ painting	명사 그림
6	▢▢▢ ▭ water lily	명사 수련
7	▢▢▢ ▭ had	동사 가지고 있었다 (have의 과거형)
8	▢▢▢ ▭ beautiful	형용사 아름다운
9	▢▢▢ ▭ water garden	명사 수공원(연못 등이 있는 정원)
10	▢▢▢ ▭ at	전치사 (어떤 장소)에
11	▢▢▢ ▭ his	대명사 그의 (he의 소유격)
12	▢▢▢ ▭ house	명사 집
13	▢▢▢ ▭ there were	~들이 있었다
14	▢▢▢ ▭ flower	명사 꽃
15	▢▢▢ ▭ tree	명사 나무
16	▢▢▢ ▭ and	접속사 그리고
17	▢▢▢ ▭ pond	명사 연못

18	garden	명사 정원
19	love	동사 대단히 좋아하다
20	many	형용사 많은
21	they	대명사 그(것)들
22	inspire	동사 영감을 주다
23	so	접속사 그래서
24	capture	동사 포착하다
25	them	대명사 그것들 (they의 목적격)
26	paint	동사 그리다
27	for	전치사 ~동안
28	more than	~이상(외)
29	year	명사 년(年)
30	there are	~들이 있다

UNIT 04 Numbers in Nature

1	look at	~를 보다
2	number	명사 숫자
3	below	부사 아래에
4	can	~할 수 있다
5	guess	동사 추측하다
6	between A and B	A와 B 사이에
7	add	동사 더하다
8	before	전치사 (~의) 앞에
9	blank	명사 빈칸
10	then	부사 그러면
11	will	~할 것이다
12	get	동사 얻다
13	each	형용사 각각의
14	sum	명사 합계
15	previous	형용사 이전의
16	Italian	형용사 이탈리아의
17	mathematician	명사 수학자

18	found	동사 찾았다 (find의 과거형)
19	this	형용사 이
20	rule	명사 규칙
21	his	대명사 그의 (he의 소유격)
22	name	명사 이름
23	find	동사 발견하다, 찾다
24	nature	명사 자연
25	go outside	바깥에 나가다
26	some	형용사 몇몇의
27	flower	명사 꽃
28	count	동사 세다
29	petal	명사 꽃잎
30	them	대명사 그것들 (they의 목적격)
31	why	명사 이유
32	grow	동사 자라다

UNIT 01 We Live Together

1	waste	명사	쓰레기
2	treatment	명사	처리
3	facility	명사	시설
4	open	동사	열다
5	town	명사	(소)도시
6	neighbor	명사	이웃 (사람)
7	like	동사	좋아하다
8	worry	동사	걱정하다
9	about	전치사	~에 관하여
10	bad	형용사	나쁜
11	smell	명사	냄새
12	water	명사	물
13	pollution	명사	오염
14	they	대명사	그들
15	want	동사	원하다
16	their	대명사	그들의 (they의 소유격)
17	this	대명사	이것

18	example	명사 예시
19	mean	동사 의미하다
20	my	대명사 나의 (I의 소유격)
21	backyard	명사 뒷마당
22	people	명사 사람들 (person의 복수형)
23	some	형용사 어떤
24	near	전치사 가까이에
25	say	동사 말하다
26	think	동사 생각하다
27	selfish	형용사 이기적인
28	but	접속사 그러나
29	live	동사 살다
30	democracy	명사 민주주의
31	anyone	대명사 누구든지
32	express	동사 표현하다
33	opinion	명사 의견
34	what	무엇

UNIT 02 Food Chains and Food Webs

1	animal	명사 동물
2	need	동사 필요하다
3	energy	명사 에너지
4	get	동사 얻다
5	from	전치사 ~으로부터
6	plant	명사 식물
7	other	형용사 다른
8	grasshopper	명사 메뚜기
9	eat	동사 먹다
10	grass	명사 풀
11	frog	명사 개구리
12	snake	명사 뱀
13	eagle	명사 독수리
14	connect	동사 연결하다
15	chain	명사 사슬
16	call	동사 부르다
17	food chain	명사 먹이 사슬

18	there are	~들이 있다
19	many	형용사 많은
20	ecosystem	명사 생태계
21	one	하나의
22	type	명사 종류
23	more than	~이상의
24	or	접속사 또는
25	small	형용사 작은
26	bird	명사 새
27	too	부사 ~도 (또한)
28	like	전치사 ~처럼
29	web	명사 그물
30	food web	명사 먹이 그물

UNIT 03

Good Relationships through Sports

1	play	동사 (게임, 스포츠 등을) 하다
2	sports	명사 운동
3	with	전치사 ~와 함께
4	his	대명사 그의 (he의 소유격)
5	friend	명사 친구
6	compete against	~와 경쟁하다
7	some of ~	~중 몇몇
8	them	대명사 그들 (they의 목적격)
9	but	접속사 그러나
10	good	형용사 좋은
11	relationship	명사 관계
12	how	어떻게
13	first	우선, 맨 먼저
14	team	명사 팀
15	learn	동사 배우다
16	how to ~	~하는 방법
17	work	동사 일하다

듣고 따라 읽어 보세요!

18	together	부사 함께
19	often	부사 자주
20	know	동사 알다
21	their	대명사 그들의 (they의 소유격)
22	role	명사 역할
23	trust	동사 믿다
24	each other	대명사 서로
25	well	부사 잘
26	during	전치사 ~동안
27	game	명사 경기
28	respect	동사 존중하다 명사 존중
29	fell down	넘어지다 (fall down의 과거형)
30	help	동사 돕다
31	from	전치사 ~으로부터
32	other	형용사 다른
33	teamwork	명사 팀워크
34	through	전치사 ~을 통해서

UNIT 04
Three Friends: Gram, Kilogram, and Ton

1	these	형용사 이 (this의 복수형)
2	three	셋의
3	friend	명사 친구
4	have a relationship	관계를 가지고 있다
5	close	형용사 가까운
6	all	부사 모두
7	represent	동사 나타내다
8	weight	명사 무게
9	item	명사 물품
10	but	접속사 그러나
11	different	형용사 다른
12	size	명사 크기
13	first	첫 번째의
14	gram	명사 그램(g)
15	smallest	형용사 가장 작은 (small의 최상급)
16	among	전치사 ~중에
17	them	대명사 그것들 (they의 목적격)

18		we	대명사 우리
19		measure	동사 측정하다
20		light	형용사 가벼운
21		second	두 번째의
22		kilogram	명사 킬로그램(kg)
23		thousand	천(1,000)
24		time	명사 ~배
25		bigger	형용사 더 큰 (big의 비교급)
26		than	접속사 ~보다
27		heavy	형용사 무거운
28		third	세 번째의
29		ton	명사 톤(t)
30		biggest	형용사 가장 큰 (big의 최상급)
31		so	접속사 그래서
32		million	백만(1,000,000)
33		huge	형용사 거대한

NE능률이
미래를
창조합니다.

건강한 배움의 고객가치를 제공하겠다는 꿈을 실현하기 위해
40년이 넘는 시간 동안 열심히 달려왔습니다.

앞으로도 끊임없는 연구와 노력을 통해
당연한 것을 멈추지 않고

고객, 기업, 직원 모두가 함께 성장하는 NE능률이 되겠습니다.

NE 능률

초등영어 리딩이 된다 로 공부하면?

1 학교에서 배운 지식을 바탕으로 영어 독해를 할 수 있습니다.

영어를 언어 그 자체로 익히기 위해서는 '내용 중심'의 접근이 중요합니다. 〈초등영어 리딩이 된다〉 시리즈는 우리나라 초등학교 교과과정을 바탕으로 소재를 구성하였습니다. 이 책으로 학생들은 이미 알고 있는 친숙한 소재를 통해 영어를 더욱 재미있고 효과적으로 학습할 수 있을 뿐 아니라 교과 지식과 관련된 영어를 자연스럽게 습득할 수 있습니다.

2 통합교과적 사고를 키울 수 있습니다.

초등학생들은 학교에서 국어, 영어, 사회, 과학 등의 과목을 따로 분리하여 배웁니다. 하지만 실생활에서는 학교에서 공부하는 교과 지식이 모두 연관되어 있습니다. 따라서 교과 간의 단절된 지식이 아닌, 하나의 주제를 다양한 교과목의 관점에서 생각할 수 있는 '통합교과적 사고'를 기르는 것이 중요합니다. 〈초등영어 리딩이 된다〉 시리즈는 하나의 대주제를 중심으로 다양한 교과를 연계하여, 영어를 배우면서 동시에 통합적 사고를 키울 수 있습니다.

3 4차 산업혁명의 키워드인 '컴퓨팅 사고력'도 함께 기를 수 있습니다.

최근 4차 산업혁명과 함께 코딩 교육을 향한 관심이 높아지고 있습니다. 이러한 트렌드의 핵심은 단순히 코딩 기술을 익히는 것이 아닌, 컴퓨팅 사고력과 창의성을 통해 주어진 문제의 본질을 파악하고 이를 해결하는 능력을 기르는 것입니다. 〈초등영어 리딩이 된다〉 시리즈는 매 Unit의 Brain Power 코너를 통해 배운 내용을 정리하는 동시에 컴퓨팅 사고력을 기를 수 있도록 구성하였습니다.

초등영어 리딩이 된다 이렇게 공부하세요.

1. 자신 있게 학습할 수 있는 단계를 선택해요.

〈초등영어 리딩이 된다〉 시리즈는 학생 개인의 영어 실력에 따라 단계를 선택하여 학습할 수 있는 교재입니다. 각 권별 권장 학년에 맞춰 교재를 선택하거나, 레벨 테스트를 통하여 자신의 학습 상황에 맞는 교재를 선택해 보세요. www.nebooks.co.kr/leveltest 에 접속해서 〈초등영어 리딩이 된다〉 레벨 테스트를 무료로 응시하고 나에게 딱 맞는 교재를 추천받으세요.

2. 나만의 학습 플랜을 짜보아요.

책의 7쪽에 있는 학습 플랜을 참고해서 나만의 학습 계획표를 짜 보세요. 한 개 Unit을 이틀에 나눠서 학습하는 24일 완성 플랜과, 하루에 한 개 Unit을 학습하는 12일 완성 플랜 중 꼭 지킬 수 있는 플랜을 선택하여 계획을 세우고, 실천해 보세요!

3. 다양한 주제에 관한 생각을 키워요.

Chapter나 Unit을 시작할 때마다 주제에 관해 생각해볼 수 있는 다양한 질문이 수록되어 있습니다. 이 질문들에 답을 하는 과정에서 다양한 주제에 관한 배경지식을 활성화시켜 학습에 대한 집중도와 이해도를 더 높일 수 있어요!

4. 리딩에 나올 단어들을 반복해서 암기해요.

〈초등영어 리딩이 된다〉 시리즈는 본격적인 리닝을 시작하기 전, 리닝에 나오는 단어늘을 먼저 학습할 수 있도록 구성되어 있습니다. 단어를 암기한 후 리딩을 시작하면 리딩 내용에 집중하는 데 큰 도움이 됩니다. 단어들을 미리 다 암기하지 못한다면 리딩을 하는 동안 책 뒷부분의 단어장을 같이 이용해보세요. 리딩에 나오는 주요 단어들의 뜻을 바로 확인할 수 있어 직독직해에 도움을 얻을 수 있어요.

5. 무료 온라인 부가자료를 활용해요.

영어는 반복이 중요합니다. NE능률 교재 홈페이지 www.nebooks.co.kr 에서 제공되는 통문장 워크시트, 직독직해 워크시트, 어휘 테스트지를 활용하여 배운 내용을 복습해 보세요.

STEP 01 Ready

① 하나의 대주제로 과목들이 어떻게 연계되어 있는지 한눈에 파악할 수 있습니다.

② 본격적인 학습 전 Chapter의 대주제와 관련된 설명을 읽고 Chapter에서 배울 내용을 파악할 수 있습니다.

③ Chapter 대주제와 관련된 질문에 답하며 뒤에 이어질 내용을 생각해봅니다.

STEP 02 Words

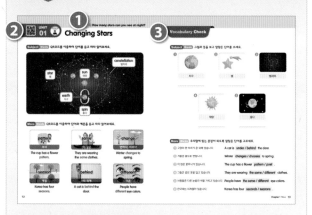

Unit의 새로운 단어를 배우고 활동들을 통해 단어를 익힐 수 있습니다.

① Unit과 관련된 질문에 답하며 뒤에 이어질 내용을 생각해봅니다.

② QR코드를 스캔하여 Unit에서 배울 주요 단어를 듣고 따라 읽어봅니다.

▶ Subject Words: 이야기와 관련된 주제 단어를 머릿속으로 시각화하여 익힙니다.

▶ More Words: 기타 주요 단어들을 사진과 예문으로 익힙니다.

③ 두 가지 유형의 어휘 문제를 통해 단어를 정확히 알고 있는지 확인 합니다.

STEP 05 Wrap UP!

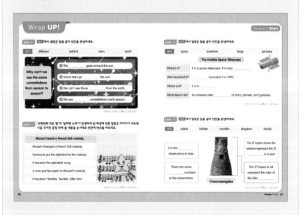

한 Chapter가 끝나면 Wrap UP! 문제를 통해 다시 한번 Chapter의 내용을 복습합니다.

+α 추가 학습자료 Workbook

매 Unit 학습 후 워크북으로 주요 단어와 핵심 문법을 복습할 수 있습니다.

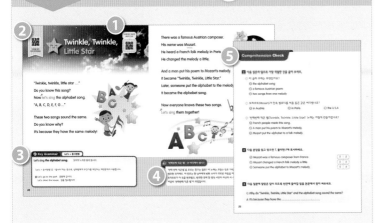

Unit에서 새롭게 배울 이야기를 읽고 확인 문제를 풀어봅니다.

1 이야기와 관련된 음악이나 영상 QR코드가 있는 경우 먼저 감상합니다.

2 QR코드를 스캔하여 이야기를 듣고 따라 읽어봅니다.

3 이야기에서 쓰인 핵심 문법(Key Grammar)을 배우고, 추가 예문을 통해 다양한 예시도 배웁니다.

4 이야기와 관련된 배경지식을 쌓을 수 있습니다.

5 글의 주제 찾기, 세부 내용 확인하기, T/F 문제, 영어 질문에 답하기 활동을 통해 앞서 배운 내용을 정리합니다.

재미있는 퀴즈를 풀며 코딩을 위한 컴퓨팅 사고력을 기르고 Unit에서 배운 내용을 점검합니다.

1 QR코드를 스캔하면 각 문제의 힌트 영상을 볼 수 있습니다.

별책부록 – 단어장

본문의 해석을 돕는 풍부한 단어 리스트가 들어있어, 단어를 예·복습 할 수 있습니다.

모바일 Teaching Guide

QR코드를 스캔하면 지도에 유용한 팁, 배경지식, 관련 영상 등을 활용하여 편리하게 지도하실 수 있습니다.

온라인 레벨테스트

QR코드를 스캔하여 레벨테스트를 응시하면 학생의 학습 상황에 맞는 교재를 추천받을 수 있습니다.

무료 부가서비스

• 통문장, 직독직해 워크시트   • 어휘 테스트지

www.nebooks.co.kr 에서 다운로드하세요!

목차

부록

· 단어장   · Workbook / 정답 및 해설 (책속책)

24일 완성

하루에 Student Book 한 개 Unit을 학습하고
다음 날 Workbook 및 온라인 부가자료로 복습하는 구성입니다.

Chapter	Unit	학습 분량	학습 날짜	학습 분량	학습 날짜
Chapter 1	Unit 01	1일차 Student Book	__월 __일	2일차 Workbook	__월 __일
	Unit 02	3일차 Student Book	__월 __일	4일차 Workbook	__월 __일
	Unit 03	5일차 Student Book	__월 __일	6일차 Workbook	__월 __일
	Unit 04	7일차 Student Book	__월 __일	8일차 Workbook	__월 __일
Chapter 2	Unit 01	9일차 Student Book	__월 __일	10일차 Workbook	__월 __일
	Unit 02	11일차 Student Book	__월 __일	12일차 Workbook	__월 __일
	Unit 03	13일차 Student Book	__월 __일	14일차 Workbook	__월 __일
	Unit 04	15일차 Student Book	__월 __일	16일차 Workbook	__월 __일
Chapter 3	Unit 01	17일차 Student Book	__월 __일	18일차 Workbook	__월 __일
	Unit 02	19일차 Student Book	__월 __일	20일차 Workbook	__월 __일
	Unit 03	21일차 Student Book	__월 __일	22일차 Workbook	__월 __일
	Unit 04	23일차 Student Book	__월 __일	24일차 Workbook	__월 __일

12일 완성

하루에 Student Book 한 개 Unit을 학습하고 Workbook으로 정리하는 구성입니다.
온라인 부가자료를 다운받아 추가로 복습할 수 있습니다.

Chapter 1

1일차 Unit 01 __월 __일	2일차 Unit 02 __월 __일
3일차 Unit 03 __월 __일	4일차 Unit 04 __월 __일

Chapter 2

5일차 Unit 01 __월 __일	6일차 Unit 02 __월 __일
7일차 Unit 03 __월 __일	8일차 Unit 04 __월 __일

Chapter 3

9일차 Unit 01 __월 __일	10일차 Unit 02 __월 __일
11일차 Unit 03 __월 __일	12일차 Unit 04 __월 __일

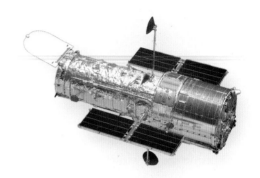

단계	Chapter	대주제	Unit	제목	연계 과목	초등 교육과정 내용 체계	
						영 역	핵심 개념
Jump 1 (90 words) 초등 5-6학년	1	Stars	1	Changing Stars	과학	우주	태양계의 구성과 운동
			2	Twinkle, Twinkle, Little Star	음악	감상	음악의 배경
			3	The Hubble Space Telescope	실과	기술 활용	혁신
			4	The Oldest Observatory in Asia	사회	정치·문화사	삼국의 성장과 통일
	2	Plants	1	Different Areas, Different Plants	사회	자연 환경과 인간 생활	지형 환경
			2	Plants Make Their Own Food	과학	생물의 구조와 에너지	광합성과 호흡
			3	Water Lilies	미술	감상	이해
			4	Numbers in Nature	수학	규칙성	규칙성과 대응
	3	Relationships	1	We Live Together	사회	지속 가능한 세계	갈등과 불균등의 세계
			2	Food Chains and Food Webs	과학	환경과 생태계	생태계와 상호 작용
			3	Good Relationships through Sports	체육	경쟁	경쟁·협동, 대인 관계
			4	Three Friends: Gram, Kilogram, and Ton	수학	측정	양의 측정
Jump 2 (90 words) 초등 5-6학년	1	Money	1	The History of Money	사회	경제	경제생활과 선택
			2	Smart Vending Machine	과학	물질의 성질	물리적 성질과 화학적 성질
			3	Andy Warhol: Art and Money	미술	감상	이해
			4	How Can I Pay?	수학	자료와 가능성	가능성
	2	Salt	1	Salt, the White Gold	사회	경제	경제생활과 선택
			2	Does the Sea Freeze?	과학	물질의 성질	물리적 성질과 화학적 성질
			3	Huge Artwork Made of Salt	미술	감상	이해
			4	Which Seawater Is Saltier?	수학	규칙성	규칙성과 대응
	3	Environment	1	Cars for the Environment	사회	지속가능한 세계	지속가능한 환경
			2	Plastic Island	과학	환경과 생태계	생태계와 상호 작용
			3	Green Buildings in Cities	미술	표현	제작
			4	Special Farming with Ducks	실과	기술 활용	지속가능

단계	Chapter	대주제	Unit	제목	연계 과목	초등 교육과정 내용 체계	
						영 역	핵심 개념
Jump 3 (100 words) 초등 5-6학년	1	Music	1	Seodong's Song	사회	정치·문화사	삼국의 성장과 통일
			2	Copyright	실과	기술 활용	혁신
			3	Painting Music	미술	체험	연결
			4	Math in Harmony	수학	규칙성	규칙성과 대응
	2	Architecture	1	I Want to Be an Architect	실과	기술 활용	적응
			2	Hwaseong Fortress	사회	정치·문화사	전란과 조선 후기 사회의 변동
			3	Gaudi's Unique Architecture	미술	표현	발상
			4	Different Types of Pyramids	수학	도형	입체도형
	3	Ice	1	Water and Ice	과학	물질의 변화	물질의 상태 변화
			2	The Arctic and the Antarctic	사회	자연 환경과 인간 생활	기후 환경
			3	Winter Festivals	미술	체험	연결
			4	Which Piece of Ice Is Bigger?	수학	측정	양의 측정
Jump 4 (100 words) 초등 5-6학년	1	Color	1	How Do We See Colors?	과학	파동	파동의 성질
			2	Purple, the Royal Color	사회	사회·경제사	신분제의 변화
			3	The Three Primary Colors	미술	표현	제작
			4	Eating by Color	실과	가정 생활과 안전	생활 문화
	2	Bread	1	What Makes Bread Soft?	과학	생명과학과 인간의 생활	생명공학 기술
			2	Breads from Around the World	사회	인문환경과 인간 생활	문화의 공간적 다양성
			3	Painter's Bread	미술	표현	세식
			4	Why Are Pizzas Round?	수학	도형	평면도형
	3	Gold	1	Gold and Copper	과학	전기와 자기	전기
			2	Finding a Solution with Gold	사회	경제	국가 경제
			3	Klimt's Golden Paintings	미술	표현	제작
			4	The King's Gold	수학	규칙성	규칙성과 대응

Chapter 1 Stars

여러분은 밤하늘의 반짝이는 별을 본 적 있나요? 볼 때마다 늘 그 자리에 있는 별이 있는가 하면, 볼 때마다 위치가 변하는 별도 있어요. 옛날에는 이런 별을 관찰하기 위해 첨성대 같은 천문대를 만들었어요. 한편, 기술이 발달한 오늘날에는 망원경을 우주로 쏘아 올려 별을 관찰한답니다. 이번 Chapter에서 별에 관하여 더 자세히 알아볼까요?

과학

UNIT 01

Changing Stars

음악

UNIT 02

Twinkle, Twinkle,
Little Star

실과

UNIT 03

The Hubble Space
Telescope

사회

UNIT 04

The Oldest Observatory
in Asia

Chapter Q   Do you like looking at the stars at night?

UNIT 01 과학 🧪 Changing Stars

Subject Words QR코드를 이용하여 단어를 듣고 따라 읽어보세요.

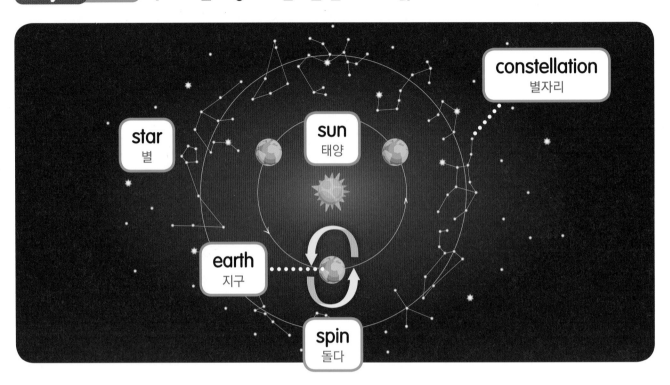

constellation
별자리

star
별

sun
태양

earth
지구

spin
돌다

More Words QR코드를 이용하여 단어와 예문을 듣고 따라 읽어보세요.

pattern
무늬

The cup has a flower pattern.

same
(똑)같은

They are wearing the same clothes.

change
변하다; 바꾸다

Winter changes to spring.

season
계절

Korea has four seasons.

behind
~의 뒤에

A cat is behind the door.

different
다른

People have different eye colors.

12

Vocabulary Check

Subject Words 그림과 뜻을 보고 알맞은 단어를 쓰세요.

1

지구

_____

2

별

_____

3

별자리

_____

4

태양

_____

5

돌다

_____

More Words 우리말에 맞는 문장이 되도록 알맞은 단어를 고르세요.

1 고양이 한 마리가 문 뒤에 있습니다.　　A cat is　under / behind　the door.

2 겨울은 봄으로 변합니다.　　Winter　changes / chooses　to spring.

3 그 컵은 꽃무늬가 있습니다.　　The cup has a flower　pattern / poet　.

4 그들은 같은 옷을 입고 있습니다.　　They are wearing　the same / different　clothes.

5 사람들은 다른 눈동자 색을 가지고 있습니다. People have　the same / different　eye colors.

6 한국에는 사계절이 있습니다.　　Korea has four　seconds / seasons　.

지문을 듣고
따라 읽어보세요.

Changing Stars

Look at the sky at night.

We can see stars in the sky.

And we can see some patterns in the stars.

Sagittarius 사수자리

Some patterns look like people.

Other patterns look like animals.

These patterns are constellations.

Leo 사자자리

🔎 Key Grammar 　 조동사 can

We can see stars in the sky. 　 우리는 하늘에서 별들을 볼 수 있습니다.

조동사 can은 '~할 수 있습니다'의 뜻으로 쓰이며, 뒤에는 항상 동사원형을 써야합니다. 반대로 '~할 수 없습니다'
는 can 뒤에 -not을 붙여 cannot 또는 줄여서 can't로 씁니다.

📖 I can speak English. 나는 영어를 말할 수 있습니다.
　 He can't(cannot) play the piano. 그는 피아노를 칠 수 없습니다.

14

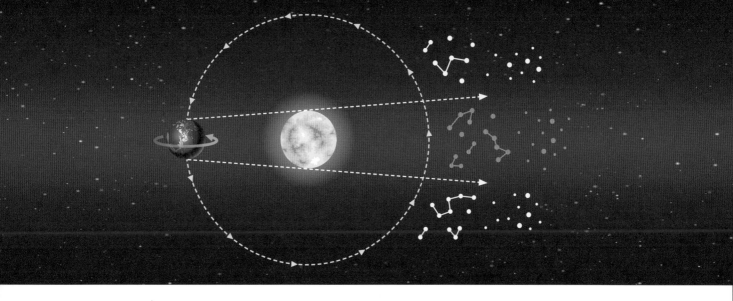

We can't always see the same constellations.

They change from season to season.

Why?

The earth spins.

It also goes around the sun.

And some stars go behind the sun.

Then we can't see them from the earth.

So we see different constellations each season.

 하늘의 나침반, 북극성

우리는 계절마다 하늘에서 볼 수 있는 별자리가 달라요. 하지만 언제나 같은 자리에서 볼 수 있는 별이 하나 있답니다. 바로 북극성(Polaris)이에요! 북극성은 북쪽 하늘의 작은곰자리의 꼬리 끝에 매달려 있는 밝은 별이에요. 이 별은 지구가 회전하는 자전축의 위쪽에 있기 때문에 거의 움직이지 않는 것처럼 보이죠. 그래서 옛날 사람들은 어두운 밤에도 북극성을 보고 길을 쉽게 찾았대요.

1 다음 질문의 답으로 가장 적절한 것을 골라 보세요.

ⓐ 이 글의 주제는 무엇인가요?

① patterns in the stars

② the earth and the sun

③ the change of seasons

ⓑ 하늘에서 동물과 사람의 모양을 만드는 것은 무엇인가요?

① stars　　　　② the earth　　　　③ the sun

ⓒ 우리가 항상 같은 별자리를 볼 수 <u>없는</u> 이유는 무엇인가요?

① because stars don't have patterns

② because stars go around the earth and the sun

③ because some stars go behind the sun as the earth moves

2 다음 문장을 읽고 맞으면 T, 틀리면 F에 표시하세요.

① Some patterns in the stars look like animals.　　　T ⋮ F

② The sun goes around the earth.　　　T ⋮ F

③ We can see all the stars from the earth.　　　T ⋮ F

3 다음 질문에 알맞은 답이 되도록 빈칸에 들어갈 말을 본문에서 찾아 써보세요.

Q What are constellations?

A Constellations are _____ in the stars.

Brain Power

흥미로운 미션을 풀고
코딩을 위한 **사고력**도 길러보세요!

---

1 논리적 사고력 아래 그래프에는 단어가 숨어 있습니다. **힌트**를 참고하여 그래프에서 단어를 하나 찾고 뜻도 같이 써보세요.

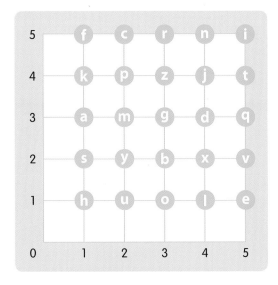

힌트

(1,2), (5,4), (1,3), (3,5)

➡ 단어: ___star___   뜻: ___별___

(2,5), (1,1), (1,3), (4,5), (3,3), (5,1)

➡ 단어: _____   뜻: _____

---

2 절차적 사고력 하늘에서 별똥별이 떨어지고 있습니다. **단서**를 참고하여 별똥별로부터 마을을 지킬 수 있도록 별똥별과 방패를 알맞게 연결해보세요.

단서 그림을 나타내는 단어가 별똥별에 적힌 알파벳이 들어가는 단어이면 막을 수 없어요!

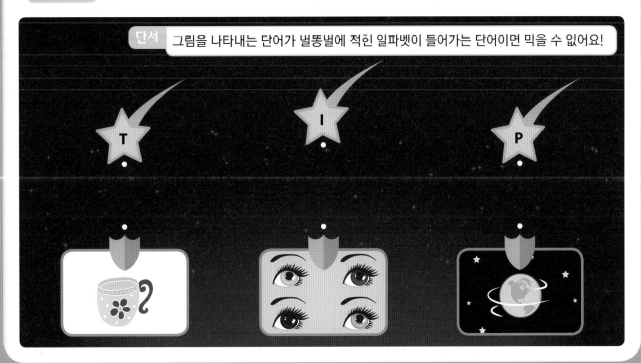

Twinkle, Twinkle, Little Star

Subject Words QR코드를 이용하여 단어를 듣고 따라 읽어보세요.

sound 소리, *들리다

melody 멜로디

song 노래

hear 듣다 [참고] 과거형 heard

sing 노래하다

composer 작곡가

More Words QR코드를 이용하여 단어와 예문을 듣고 따라 읽어보세요.

know 알다

She knows the man.

famous 유명한

She is a famous movie star.

folk 민속의

They play Korean folk songs.

put 넣다; 놓다

The baby is putting things in the box.

poem 시

This poem is about love.

become ~이 되다 [참고] 과거형 became

I want to become a singer.

18

Vocabulary Check

1

작곡가

_____

2

듣다

_____

3

소리, *들리다

_____

4

멜로디

_____

5

노래하다

_____

6

노래

_____

More Words 우리말에 맞는 문장이 되도록 알맞은 단어를 고르세요.

1 그녀는 그 남자를 압니다.　　She knows / thinks the man.

2 아기가 물건들을 상자에 넣고 있습니다.　　The baby is putting / hitting things in the box.

3 이 시는 사랑에 관한 것입니다.　　This poem / poet is about love.

4 그녀는 유명한 영화배우입니다.　　She is a fast / famous movie star.

5 나는 가수가 되고 싶습니다.　　I want to come / become a singer.

6 그들은 한국 민속 노래를 연주합니다.　　They play Korean folk / sound songs.

지문을 듣고
따라 읽어보세요.

노래를 듣고 읽으면
재미가 두 배!

Twinkle, Twinkle, Little Star

"Twinkle, twinkle, little star …"

Do you know this song?

Now let's sing the alphabet song.

"A, B, C, D, E, F, G …"

These two songs sound the same.

Do you know why?

It's because they have the same melody!

◎ Key Grammar [Let's + 동사원형]

Let's sing the alphabet song.   알파벳 노래를 불러 봅시다.

'Let's + 동사원형'은 '~합시다'라는 뜻으로, 상대방에게 무언가를 제안하는 제안문에서 사용합니다.

예 Let's go to the park. 공원에 갑시다.
　　 Let's clean the house. 집을 청소합시다.

20

There was a famous Austrian composer.

His name was Mozart.
모차르트

He heard a French folk melody in Paris.

He changed the melody a little.

And a man put his poem to Mozart's melody.

It became "Twinkle, Twinkle, Little Star."

Later, someone put the alphabet to the melody.

It became the alphabet song.

Now everyone knows these two songs.

Let's sing them together!

✏ **'반짝반짝 작은 별', 넌 어디에서 왔니?**

'반짝반짝 작은 별'을 모르는 친구는 없죠? 이 노래는 프랑스 민요인 <아, 말씀드릴게요, 어머니>를 변주한 곡이에요. 이 민요는 한 남자에게 반한 소녀가 괴로운 마음을 어머니에게 고백하는 내용인데요. 모차르트가 이 곡을 변주했고, 변주한 곡에 한 영국 시인이 자신의 시 <The Star>의 앞부분을 붙여 지금의 '반짝반짝 작은 별'이 되었답니다.

1 다음 질문의 답으로 가장 적절한 것을 골라 보세요.

(a) 이 글의 주제는 무엇인가요?

① the alphabet song

② a famous Austrian poem

③ two songs from one melody

(b) 모차르트(Mozart)가 민속 멜로디를 처음 들은 곳은 어디였나요?

① in Austria   ② in Paris   ③ in the U.S.A.

(c) '반짝반짝 작은 별(Twinkle, Twinkle, Little Star)' 노래는 어떻게 만들어졌나요?

① French people made this song.

② A man put his poem to Mozart's melody.

③ Mozart put the alphabet to a folk melody.

2 다음 문장을 읽고 맞으면 T, 틀리면 F에 표시하세요.

① Mozart was a famous composer from France.   T : F

② Mozart changed a French folk melody a little.   T : F

③ Someone put the alphabet to Mozart's melody.   T : F

3 다음 질문에 알맞은 답이 되도록 빈칸에 들어갈 말을 본문에서 찾아 써보세요.

Q Why do "Twinkle, Twinkle, Little Star" and the alphabet song sound the same?

A It's because they have the _____ _____.

22

Brain Power

1 **추상화 사고력** 알 수 없는 모양들이 그려진 쪽지가 발견되었습니다. 보기 를 보고 모양들이 나타내는 암호를 해독하여 단어와 그 뜻을 써보세요.

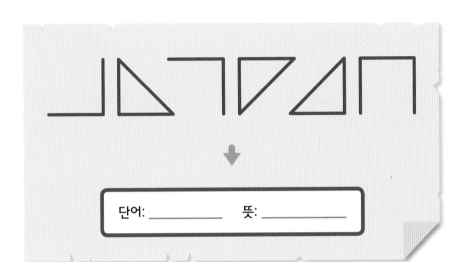

단어: _____ 뜻: _____

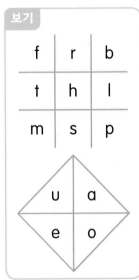

보기

f	r	b
t	h	l
m	s	p

u a
e o

2 **문제 해결력** 음표대로 연주를 하면 단어가 나오는 마법의 악보가 있습니다. 보기 를 참고하여 아래의 악보를 연주했을 때 나올 단어와 그 뜻을 써보세요.

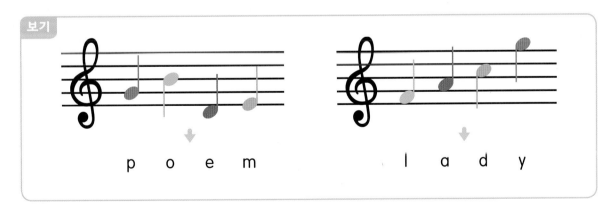

단어:

뜻:

Q How can we study space from far away?

The Hubble Space Telescope

Subject Words QR코드를 이용하여 단어를 듣고 따라 읽어보세요.

telescope 망원경

galaxy 은하

space 우주

camera 카메라

planet 행성

launch 발사하다

satellite 위성

scientist 과학자

More Words QR코드를 이용하여 단어와 예문을 듣고 따라 읽어보세요.

large
큰
This TV is large.

weigh
무게가 ~이다
The potatoes weigh 1 kg.

take a picture
사진을 찍다
Mia is taking a picture of her dog.

discover
발견하다
Scientists discover new things.

learn
배우다; ~을 알게 되다
He learned the girl's name.

thanks to
~ 덕분에
We are happy thanks to our baby.

24

Vocabulary Check

그림과 뜻을 보고 알맞은 단어를 쓰세요.

❶  우주	❷  망원경	❸  발사하다	❹  위성
_____	_____	_____	_____

❺  은하	❻  행성	❼  카메라	❽  과학자
_____	_____	_____	_____

More Words 우리말에 맞는 문장이 되도록 알맞은 단어를 고르세요.

❶ 그는 그 소녀의 이름을 알게 되었습니다.   He **learned / listened** the girl's name.

❷ 이 텔레비전은 큽니다.   This TV is **small / large** .

❸ Mia는 그녀의 개의 사진을 찍고 있습니다.   Mia is **taking / making** a picture of her dog.

❹ 감자의 무게가 1 kg입니다.   The potatoes **wait / weigh** 1 kg.

❺ 우리는 우리 아기 덕분에 행복합니다.   We are happy **thanks / thanks to** our baby.

❻ 과학자들은 새로운 것들을 발견합니다.   Scientists **discover / cover** new things.

The Hubble Space Telescope

This is the Hubble Space Telescope.

Scientists launched it in 1990.

It is still in space.

The telescope is very large.

It weighs 11,110 kg.

And it is 13.2 m long.

◎ Key Grammar | 현재진행 시제

Scientists are discovering new things in space. 과학자들은 우주에서 새로운 것들을 발견하고 있습니다.

'~을 하고 있습니다'와 같이 현재 하고 있는 일을 표현할 때는 am, are, is와 같은 'be동사' 뒤에 '동사원형+ing' 를 써서 나타냅니다. 우리는 이 표현을 '현재진행 시제'라고 합니다.

◎ I am eating cake. 나는 케익을 먹고 있습니다.
They are reading books. 그들은 책을 읽고 있습니다.

The telescope goes around the earth.

It is a satellite.

It travels about 8 km in a second.

The telescope has cameras.

They take pictures of stars, planets, and galaxies.

Scientists are discovering new things in space with the telescope.

They are learning a lot thanks to the telescope!

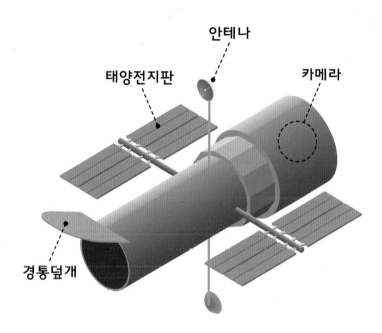

안테나

태양전지판

카메라

경통덮개

The Hubble Space Telescope 허블우주망원경

인간이 만든 눈이 하늘로 올라갔다 – 허블우주망원경

허블우주망원경은 1990년 인류가 우주로 보낸 우주망원경으로, 지구 대기권 밖에서 가동되는 우주
망원경들 중 가장 크고 유명한 망원경이에요. 처음 허블우주망원경의 수명은 15년으로 계획되었어요.
하지만 미국항공우주국(NASA)에서 이 망원경을 여러 차례 수리한 끝에 수명을 늘렸답니다. 지금도
허블우주망원경은 태양계 밖의 외계 행성을 관측하는 등 활발하게 활동하고 있어요!

Comprehension Check

1 다음 질문의 답으로 가장 적절한 것을 골라 보세요.

ⓐ 이 글의 주제는 무엇인가요?
1. a new satellite
2. new things in space
3. a large space telescope

ⓑ 허블우주망원경(The Hubble Space Telescope)은 언제 발사되었나요?
1. in 1980
2. in 1990
3. in 2010

ⓒ 허블우주망원경(The Hubble Space Telescope)이 하는 일은 무엇인가요?
1. It launches cameras.
2. It goes around the sun.
3. It takes pictures of stars.

2 다음 문장을 읽고 맞으면 T, 틀리면 F에 표시하세요.

1. Scientists launched the Hubble Space Telescope. T F
2. The Hubble Space Telescope is 3.2 m long. T F
3. The Hubble Space Telescope has cameras. T F

3 다음 질문에 알맞은 답이 되도록 빈칸에 들어갈 말을 본문에서 찾아 써보세요.

Q What are scientists doing with the Hubble Space Telescope?

A They _____ _____ new things in space with it.

Brain Power

흥미로운 미션을 풀고
코딩을 위한 사고력도 길러보세요!

---

1 절차적 사고력

알파벳 카드를 하나씩 가지고 있는 다섯 명의 친구들이 알파벳으로 단어를 하나 만들고 있어요. 단서 를 읽고 친구들이 만든 단어와 뜻을 써보세요.

단서

: 나와 🙂 사이에는 두 사람이 서 있어.

: 내 바로 오른쪽에는 🙂 가 서 있어.

: 내 왼쪽에는 아무도 서 있지 않아.

단어:

뜻:

---

2 문제 해결력

우주망원경의 서버에 접속하려면 암호가 필요해요. 단서 를 참고해서 알맞은 암호를 입력하세요.

단서 The Hubble Space Telescope에 관한 알맞은 정보의 번호가 있는 칸을 전부 색칠해봐!

The Hubble Space Telescope ...

1 weighs 11,110 kg.

2 goes around the moon.

3 has cameras.

4 is 13.2 m long.

5 travels about 8 km in an hour.

암호

  A 접속

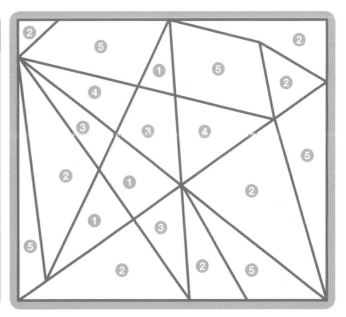

UNIT 04 사회
The Oldest Observatory in Asia

Subject Words QR코드를 이용하여 단어를 듣고 따라 읽어보세요.

observatory 천문대
stone 돌
layer 층
queen 여왕
ruler 통치자

More Words QR코드를 이용하여 단어와 예문을 듣고 따라 읽어보세요.

during ~동안

We see many flowers during spring.

kingdom 왕국

He is the king of the kingdom.

national 국가의

Chuseok is a national holiday.

treasure 보물

This is a treasure box.

above ~보다 위로

A bird is flying above trees.

represent 나타내다

It represents our country.

Vocabulary Check

Subject **Words** 그림과 뜻을 보고 알맞은 단어를 쓰세요.

1

천문대

_____

2

돌

_____

3
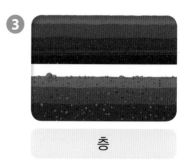

층

_____

4

여왕

_____

5

통치자

_____

More **Words** 우리말에 맞는 문장이 되도록 알맞은 단어를 고르세요.

1 이것은 보물 상자입니다.

This is a   tree / treasure   box.

2 추석은 국가의 공휴일입니다.

Chuseok is a   national / normal   holiday.

3 그는 그 왕국의 왕입니다.

He is the king of the   kingdom / government .

4 새 한 마리가 나무 위를 날고 있습니다.

A bird is flying   above / about   trees.

5 그것은 우리나라를 나타냅니다.

It   represents / invents   our country.

6 우리는 봄 동안 많은 꽃들을 봅니다.

We see many flowers   with / during   spring.

지문을 듣고
따라 읽어보세요.

The Oldest Observatory in Asia

Do you know about Cheomseongdae?
첨성대

It is the oldest observatory in Asia.

People built it during the Silla kingdom.
신라

They looked at the stars in this observatory.

It is now National Treasure No. 31 of Korea.

🔘 Key Grammar   There are ~

There are some hidden numbers in the observatory.
그 천문대에는 몇몇의 숨겨진 숫자들이 있습니다.

'There are' 다음에 둘 이상의 사람이나 사물을 나타내는 명사를 쓰면 '~들이 있습니다'라는 의미가 됩니다.
이때 there를 '그곳에'라고 해석하지 않는 것에 유의하세요.

🔘 There are children in the park. 공원에 아이들이 있습니다.
   There are trees in the garden. 정원에 나무들이 있습니다.

There are some hidden numbers in the observatory.

The observatory has a window.

There are 12 layers above the window.

They represent the 12 months in a year.

There are 27 stone layers in all.

This number represents Queen Seondeok.
선덕
She was the 27th ruler of the Silla kingdom.

첨성대의 미스터리

첨성대는 우리나라를 대표하는 과학 문화재 중 하나예요. 첨성대는 아시아에서 가장 오래된 천문대로, 높이가 9.17미터라고 합니다. 농사를 잘 짓기 위해서는 날씨를 미리 예측할 수 있었어야 했는데, 별을 관찰함으로써 날씨의 변화를 예측할 수 있었대요. 하지만 첨성대에서 어떻게 별을 관찰했는지에 관한 기록은 전해지지 않아, 관측 방법은 여전히 미스터리로 남아 있답니다.

Comprehension Check

1 다음 질문의 답으로 가장 적절한 것을 골라 보세요.

ⓐ 이 글의 주제는 무엇인가요?
1. the oldest kingdom in Asia
2. why people built Cheomseongdae
3. hidden numbers in an observatory

ⓑ 사람들은 첨성대에서 무엇을 했나요?
1. People looked at the stars.
2. People looked at their ruler.
3. People looked at the national treasure.

ⓒ 첨성대의 창문 위로 있는 12개의 층은 무엇을 의미하나요?
1. the 12 kings of Silla
2. the 12 stars in the sky
3. the 12 months in a year

2 다음 문장을 읽고 맞으면 T, 틀리면 F에 표시하세요.

1. Cheomseongdae is the oldest observatory in Asia. T : F
2. Cheomseongdae is not a National Treasure of Korea. T : F
3. Cheomseongdae has 27 stone layers in all. T : F

3 다음 질문에 알맞은 답이 되도록 빈칸에 들어갈 말을 본문에서 찾아 써보세요.

Q What do the 27 layers of Cheomseongdae mean?

A This number represents the _____ _____ of the Silla kingdom, Queen Seondeok.

Brain Power

문제 해결력 전기가 흐르고 있는 미로를 탈출해야 합니다. 첨성대에 관하여 바르게 설명한 방만을 지나야 전기에 감전되지 않고 안전하게 탈출할 수 있어요. 미로를 탈출해 보세요.

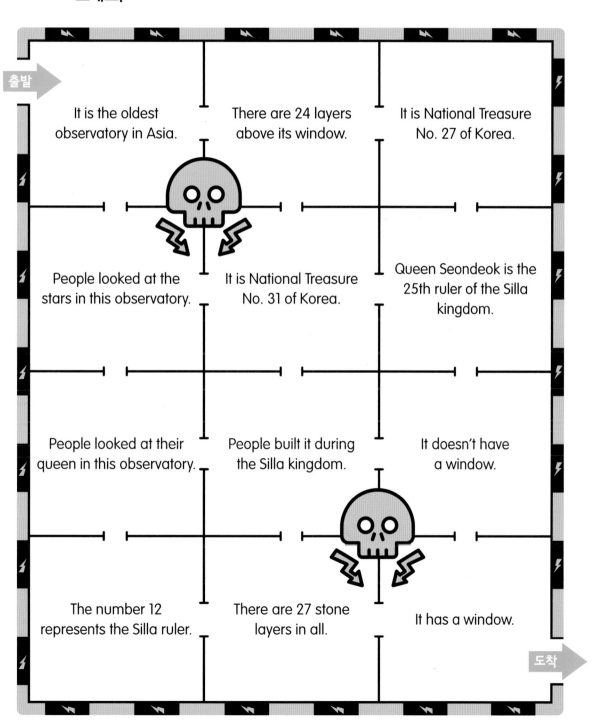

출발

It is the oldest observatory in Asia.

There are 24 layers above its window.

It is National Treasure No. 27 of Korea.

People looked at the stars in this observatory.

It is National Treasure No. 31 of Korea.

Queen Seondeok is the 25th ruler of the Silla kingdom.

People looked at their queen in this observatory.

People built it during the Silla kingdom.

It doesn't have a window.

The number 12 represents the Silla ruler.

There are 27 stone layers in all.

It has a window.

도착

Wrap UP!

보기 에서 알맞은 말을 골라 빈칸을 완성하세요.

보기   different   behind   stars   earth

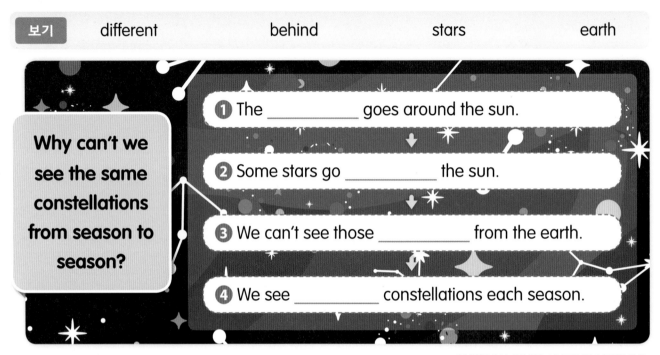

Why can't we see the same constellations from season to season?

1. The _____ goes around the sun.

2. Some stars go _____ the sun.

3. We can't see those _____ from the earth.

4. We see _____ constellations each season.

기억이 안 난다면? 12쪽으로 이동하세요.

Unit 02   '반짝반짝 작은 별'과 '알파벳 노래'가 탄생하게 된 배경에 관한 알맞은 이야기가 되도록 다음 주어진 문장 뒤에 올 내용을 순서대로 빈칸에 번호를 써보세요.

Mozart heard a French folk melody.

☐ Mozart changed a French folk melody.

☐ Someone put the alphabet to the melody.

☐ It became the alphabet song.

☐ A man put his poem to Mozart's melody.

☐ It became "Twinkle, Twinkle, Little Star."

기억이 안 난다면? 18쪽으로 이동하세요.

Unit 03 보기 에서 알맞은 말을 골라 빈칸을 완성하세요.

| 보기 | space | scientists | large | pictures |

The Hubble Space Telescope

What is it?	It is a space telescope. It is very _____.
Who launched it?	_____ launched it in 1990.
Where is it?	It is in _____.
What does it do?	Its cameras take _____ of stars, planets, and galaxies.

기억이 안 난다면? 24쪽으로 이동하세요.

Unit 04 보기 에서 알맞은 말을 골라 빈칸을 완성하세요.

| 보기 | oldest | months | hidden | kingdom |

It is the _____ observatory in Asia.

The 12 layers above the window represent the 12 _____ in a year.

There are some _____ numbers in the observatory.

The 27 layers in all represent the ruler of the Silla _____.

Cheomseongdae

기억이 안 난다면? 30쪽으로 이동하세요.

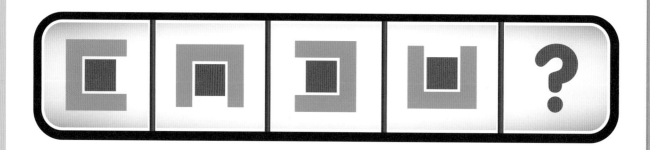

❶

❷

❸

❹

❺

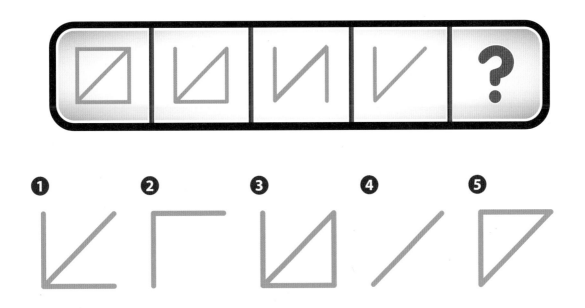

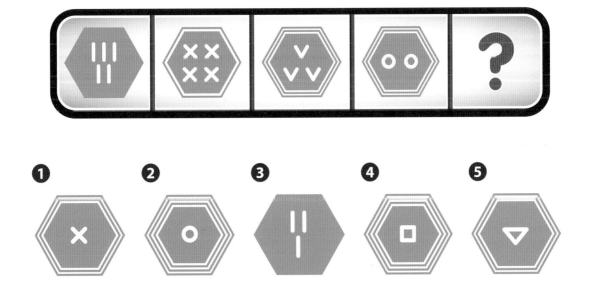

Chapter 2 Plants

우리는 식물에 둘러싸여 살고 있어요. 나무와 꽃뿐만 아니라 우리가 먹는 야채, 과일, 쌀도 모두 식물이랍니다. 우리 눈에 보이지는 않지만 식물은 스스로 영양분을 만들어 날마다 열심히 자라고 있어요. 여러 예술가들은 이런 식물에 영감을 받아 작품에 그려내기도 했답니다. 이번 Chapter를 통해 다양한 종류의 식물부터 식물 속에 숨겨진 수학까지 식물에 관하여 더 자세히 알아볼까요?

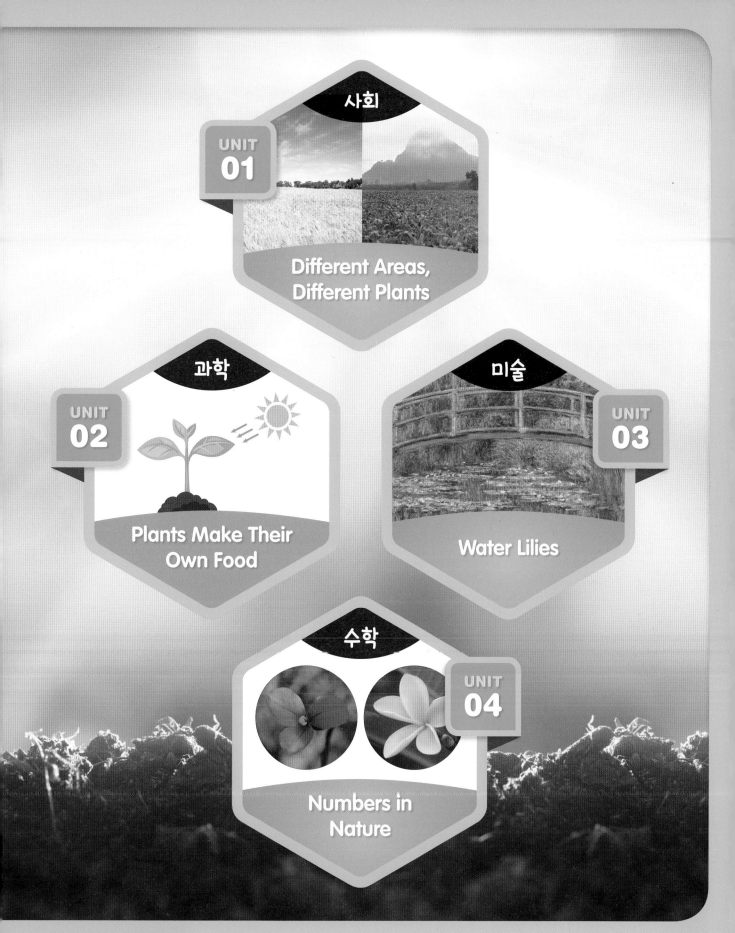

Chapter Q   Have you grown any plants?

UNIT 01 사회

Different Areas, Different Plants

Subject Words QR코드를 이용하여 단어를 듣고 따라 읽어보세요.

area
지역

mountain
산

land
땅

plain
평야

river
강

plant
식물

crop
(농)작물

More Words QR코드를 이용하여 단어와 예문을 듣고 따라 읽어보세요.

grow
자라다; *재배하다

I grow some plants.

flat
평평한

The earth is not flat.

easily
쉽게

I can make cookies
easily.

rich
부유한; *비옥한

The land is very rich.

high
높은

There are high
mountains.

cool
시원한

The water is very cool.

Vocabulary Check

Subject Words 그림과 뜻을 보고 알맞은 단어를 쓰세요.

1

지역

_____

2

평야

_____

3

산

_____

4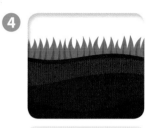

땅

_____

5

강

_____

6

식물

_____

7

(농)작물

_____

More Words 우리말에 맞는 문장이 되도록 알맞은 단어를 고르세요.

1 지구는 평평하지 않습니다.　　　　The earth is not high / flat .

2 물이 매우 시원합니다.　　　　The water is very cool / hot .

3 그 땅은 매우 비옥합니다.　　　　The land is very rich / large .

4 나는 몇몇 식물들을 키웁니다.　　　　I know / grow some plants.

5 높은 산들이 있습니다.　　　　There are high / flat mountains.

6 나는 쿠키를 쉽게 만들 수 있습니다.　　　　I can make cookies easily / quickly .

Different Areas, Different Plants

Farmers grow different kinds of plants in different areas.

rice 쌀

Plains are large areas of flat land around rivers.

Farmers can get water easily from the rivers.

The rivers make the land richer.

wheat 밀

Farmers grow a lot of crops in the plains.

We can see rice, wheat, and other crops there.

⊙ Key Grammar　　**형용사의 비교급**

The rivers make the land richer.　　강은 땅을 더 비옥하게 만듭니다.

rich(비옥한), cool(시원한)과 같은 형용사에 -er을 붙이면 '(~보다) 더 ~한'이라는 뜻이에요. 이런 표현을 '형용사의 비교급'이라고 합니다. 참고 3음절이 넘는 긴 형용사는 앞에 more를 붙여 비교급을 나타냅니다.

⑩ We moved to a smaller house.　우리는 더 작은 집으로 이사했습니다.
　Sunny is more famous than her sister.　Sunny는 그녀의 여동생보다 더 유명합니다.

44

How about in mountain areas?

Mountains are high areas of land.

They are °cooler than plains.

Farmers can't get water easily there.

corn 옥수수

But farmers grow some crops in the mountains too.

We can see corn, potatoes, and other crops there.

potatoes 감자

추운 남극에서도 식물이 자랄 수 있을까요?

남극 대륙은 세계에서 가장 추운 지역이에요. 전체 면적의 무려 98%가 얼음으로 덮여있어요. 과연 이곳
에서도 식물들이 자랄 수 있을까요? 정답은 '그렇다'예요! 아주 추운 남극 대륙에서 자라는 식물은 바로
'이끼'랍니다. 이끼는 땅 가까이에서 낮게 자라기 때문에 추위나 바람에 열을 빼앗기지 않고 온도를 유지
할 수 있다고 해요. 정말 강인한 생명력을 가진 식물이죠?

1 다음 질문의 답으로 가장 적절한 것을 골라 보세요.

a 이 글의 주제는 무엇인가요?

1 good land for growing crops

2 crops in plains and mountains

3 kinds of plants in mountain areas

b 농부들이 평야 지역에서 많은 농작물을 기를 수 있는 이유는 무엇인가요?

1 because many people live there

2 because the rivers make the land richer

3 because plains are larger than mountains

c 산지 지역에서 잘 자라는 식물은 무엇인가요?

1 potatoes   2 wheat   3 rice

2 다음 문장을 읽고 맞으면 T, 틀리면 F에 표시하세요.

1 We can see rice and wheat in the plains.   T : F

2 Plains are higher and cooler than mountains.   T : F

3 Farmers can get water easily in mountain areas.   T : F

3 다음 질문에 알맞은 답이 되도록 빈칸에 들어갈 말을 본문에서 찾아 써보세요.

Q How do we get many kinds of crops?

A Farmers grow different kinds of plants in _____ _____.

Brain Power

흥미로운 미션을 풀고
코딩을 위한 사고력도 길러보세요!

 절차적 사고력 두 개의 로봇은 각각 방향 명령어를 따라 움직여 도형을 만듭니다. 도형 안의 알파벳을 조합하여 단어를 만들고, 그 단어를 이용하여 아래 문장을 완성해 보세요.

힌트 로봇들이 만드는 도형이 겹칠 수 있으니 다른 색의 색연필로 도형을 그려보세요!

n	l	p	a	w	f
p	s	n	u	v	m
o	t	o	a	l	e
z	m	v	i	a	h
k	d	s	n	p	v
b	e	w	o	h	c

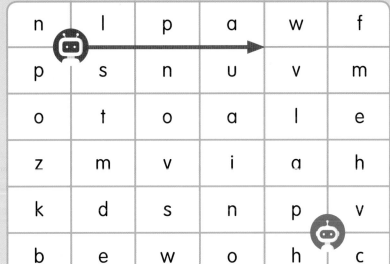

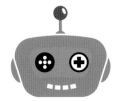

[   ] are cooler than [   ] .

UNIT 02 과학

Plants Make Their Own Food

Subject Words QR코드를 이용하여 단어를 듣고 따라 읽어보세요.

nature
자연

sunlight
햇빛

leaf (나뭇)잎
참고 복수형 leaves

oxygen
산소

root
뿌리

soil
흙

More Words QR코드를 이용하여 단어와 예문을 듣고 따라 읽어보세요.

own
~ 자신의

We want our own
house.

use
이용하다

We use water
every day.

chemical
화학물질

The scientist tests
chemicals.

gas
기체

Water becomes a gas
at 100°C.

sugar
설탕; *당

These juices have
no sugar.

energy
에너지

Children have so
much energy.

48

Vocabulary Check

Subject Words 그림과 뜻을 보고 알맞은 단어를 쓰세요.

1

(나뭇)잎

_____

2

뿌리

_____

3

자연

_____

4

햇빛

_____

5

산소

_____

6

흙

_____

More Words 우리말에 맞는 문장이 되도록 알맞은 단어를 고르세요.

1 우리는 매일 물을 이용합니다.　　We　put / use　water every day.

2 우리는 우리 자신의 집을 원합니다.　　We want our　own / won　house.

3 이 주스들에는 당이 없습니다.　　These juices have no　sugar / wheat　.

4 그 과학자는 화학물질을 실험합니다.　　The scientist tests　chemicals / telescopes　.

5 아이들은 매우 많은 에너지를 가졌습니다.　　Children have so much　galaxy / energy　.

6 물은 섭씨 100도에서 기체가 됩니다.　　Water becomes a(n)　gas / oxygen　at 100°C.

지문을 듣고
따라 읽어보세요.

Plants Make
Their Own Food

Plants make their own food.

How? They use three things in nature.

The first is water.

The roots of plants get water from the soil.

Then the water goes up to the leaves.

1 water

🔵 Key Grammar   give A B

The sugar gives plants energy.   당은 식물에게 에너지를 줍니다.
          Ⓐ   Ⓑ

'A에게 B를 줍니다'라는 표현은 영어 'give A B'라고 씁니다. give와 같이 '(누구에게 무엇을) 주다'라는 의미를 가지고 있는 동사를 우리는 '수여동사'라고 부릅니다.

🔵 I will give you a candy.   내가 당신에게 사탕을 주겠습니다.
   She gave her teacher flowers.   그녀는 그녀의 선생님께 꽃을 드렸습니다.

The second is sunlight.

Plants have a green chemical.

It gets light from the sun.

The third is *carbon dioxide.

It is a gas in the air.

Plants get the gas through their leaves.

*carbon dioxide 이산화탄소

Plants change these three things

into sugar and oxygen.

The sugar gives plants energy.

And plants give us oxygen.

② sunlight

oxygen

③ cabon dioxide

 내 밥은 내가 만든다!

식물도 동물처럼 살아 있는 생물이에요. 하지만 식물은 동물과 영양분을 얻는 방법이 달라요. 동물은 다른 생물을 먹고 살지만, 식물은 광합성을 해서 스스로 영양분을 만든답니다. 식물은 뿌리를 통해 물과 양분을 섭취하고, 잎으로 햇빛을 받아 영양분과 산소를 만들어요. 이렇게 스스로 만든 영양분을 먹으며 식물은 날마다 열심히 자란답니다.

1 다음 질문의 답으로 가장 적절한 것을 골라 보세요.

a 이 글의 주제는 무엇인가요?

1 a green chemical in plants

2 sugar and oxygen in plants

3 how plants make their own food

b 식물은 어느 부분으로부터 물을 얻나요?

1 leaves   **2** roots   **3** flowers

c 식물들은 물, 이산화탄소, 햇빛으로 무엇을 하나요?

1 Plants change them into a green chemical.

2 Plants change them into sugar and oxygen.

3 Plants get water and sunlight and give us carbon dioxide.

2 다음 문장을 읽고 맞으면 T, 틀리면 F에 표시하세요.

1 Water goes up to the leaves of plants.   T   F

2 Plants get oxygen through their leaves.   T   F

3 A chemical in plants gets light from the sun.   T   F

3 다음 질문에 알맞은 답이 되도록 빈칸에 들어갈 말을 본문에서 찾아 써보세요.

Q What are the three things plants need?

A They are _____, _____, and carbon dioxide.

Brain Power

흥미로운 미션을 풀고 코딩을 위한 사고력도 길러보세요!

C B A

절차적 사고력 | 단서 를 참고하여 ⓐ, ⓑ의 암호를 해독해 단어와 뜻을 써보세요. 그리고 그 단어를 이용하여 아래 그림의 빈칸을 알맞게 채워보세요.

단서　　nature ➡ 15, 2, 21, 22, 19, 6

ⓐ　24, 2, 21, 6, 19

ⓑ　20, 22, 8, 2, 19

단어:

뜻:

단어:

뜻:

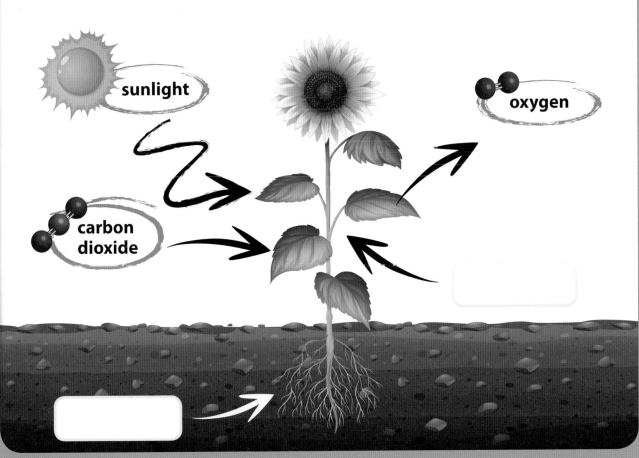

sunlight

oxygen

carbon dioxide

UNIT 03 미술

Water Lilies

Subject Words QR코드를 이용하여 단어를 듣고 따라 읽어보세요.

paint
그리다

water lily
수련

painting
그림

painter
화가

More Words QR코드를 이용하여 단어와 예문을 듣고 따라 읽어보세요.

beautiful
아름다운

I live in a beautiful house.

garden
정원

There are flowers in the garden.

pond
연못

There are many fish in the pond.

love
사랑하다; *대단히 좋아하다

I love ice cream.

inspire
영감을 주다

Music inspires people.

capture
포착하다

We captured our smile.

Subject Words 그림과 뜻을 보고 알맞은 단어를 쓰세요.

①

그리다

_____

②

수련

_____

③

화가

_____

④

그림

_____

More Words 우리말에 맞는 문장이 되도록 알맞은 단어를 고르세요.

① 나는 아이스크림을 대단히 좋아합니다.　　I **live / love** ice cream.

② 정원에 꽃들이 있습니다.　　There are flowers in the **garden / pond** .

③ 음악은 사람들에게 영감을 줍니다.　　Music **learns / inspires** people.

④ 나는 아름다운 집에 살고 있습니다.　　I live in a **beautiful / famous** house.

⑤ 연못에 물고기들이 많이 있습니다.　　There are many fish in the **garden / pond** .

⑥ 우리는 우리의 미소를 포착했습니다.　　We **changed / captured** our smile.

영상을 보고 읽으면
이해가 쏙쏙!

지문을 듣고
따라 읽어보세요.

Water Lilies

Claude Monet was a painter.
클로드 모네

He was from France.

He is famous for his paintings of water lilies.

Claude Monet 클로드 모네

He had a beautiful water garden at his house.

There were flowers, trees, and a pond in the garden.

The painter loved the garden.

⊙ Key Grammar | more than ~

Monet painted water lilies for more than 30 years. 모네는 30년 이상 수련을 그렸습니다.

'~ 이상(의)'이라는 표현은 영어로 비교급의 표현을 써서 'more than ~'으로 나타냅니다. 반대로 '~미만(의)'이라는 표현은 'less than ~'으로 나타냅니다.

예 More than 300 people live in the town. 300명 이상의 사람들이 마을에 삽니다.
I read less than 10 books. 나는 10권 미만의 책을 읽었습니다.

There were many water lilies on the pond.

They inspired the painter.

So the painter captured them in the paintings.

클로드 모네 <수련>

Monet painted many paintings of water lilies.

He painted water lilies for more than 30 years.

There are more than 200 water lily paintings!

 백내장도 막지 못한 모네의 열정

정원을 가꾸고 그림을 그리며 일생의 마지막 시기를 보냈던 클로드 모네(Claude Monet). 하지만 모네는 말년에 큰 시련을 마주했어요. 그의 눈이 백내장에 걸려 앞이 보이지 않게 되었죠. 눈앞이 점점 흐려져 더 이상 그림을 그릴 수 없다는 진단을 받았지만 이런 순간에도 모네는 그림 그리기를 포기하지 않았습니다. 모네는 자신의 눈에 들어온 왜곡된 색마저도 그림에 담아내기 위해 죽기 직전까지 붓을 놓지 않았답니다.

1 다음 질문의 답으로 가장 적절한 것을 골라 보세요.

ⓐ 이 글의 주제는 무엇인가요?

① water lilies on a pond

② a water garden in France

③ Monet's famous paintings

ⓑ 클로드 모네(Claude Monet)는 무엇에 관한 그림으로 유명한가요?

① water lilies ② the garden ③ the pond

ⓒ 클로드 모네(Claude Monet)에 관한 설명으로 알맞지 <u>않은</u> 것은 무엇인가요?

① He was a painter from France.

② He had a water garden at his house.

③ He painted only one water lily painting.

2 다음 문장을 읽고 맞으면 T, 틀리면 F에 표시하세요.

① Monet didn't like his garden. T　F

② Water lilies in the pond inspired Monet. T　F

③ Monet painted water lilies for more than 30 years. T　F

3 다음 질문에 알맞은 답이 되도록 빈칸에 들어갈 말을 본문에서 찾아 써보세요.

Q How many water lily paintings did Monet paint?

A Monet painted _____ _____ 200 water lily paintings.

Brain Power

흥미로운 미션을 풀고
코딩을 위한 사고력도 길러보세요!

절차적 사고력 다음 단어 카드들이 어떤 규칙 에 따라 놓여 있어요. 예시 를 참고하여 주어진 7장의 카드로 빈칸을 채워가며 단어 하나를 완성해보세요.

규칙 ① 3~4장을 나란히 뽑는다. ② 뽑은 카드는 맨 앞이나 맨 뒤, 또는 카드들 사이에 나란히 둘 수 있다.

예시

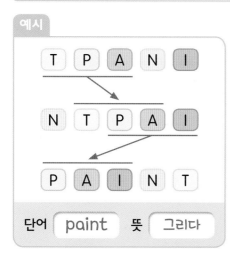

T P A N I

N T P A I

P A I N T

단어 paint 뜻 그리다

N P I R E S I

R □ □ I □ □ I

□ N R E □ □ □

□ □ □ □ □ □ □

➡ 단어 □□□□ 뜻 □□□□

문제 해결력 미로 안에 그림이 보관되어 있어요. 그림과 관련된 단어가 있는 길만 통과할 수 있을 때, 네 친구 중에서 그림에 도착하는 친구는 누구일까요?

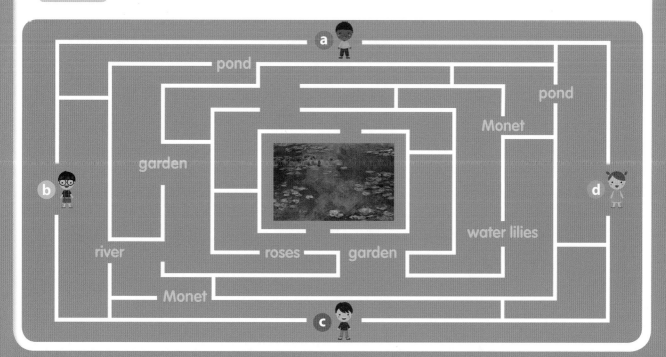

UNIT 04

 수학

Numbers in Nature

QR코드를 이용하여 단어를 듣고 따라 읽어보세요.

rule
규칙

4 + 3 = 7

add
더하다

sum
합계

2 + 2 = ☐

blank
빈칸

guess
추측하다

More Words QR코드를 이용하여 단어와 예문을 듣고 따라 읽어보세요.

ABCDEF
between

사이에

B is between A and C.

previous

이전의

Go back to the
previous page.

mathematician

수학자

I want to be a
mathematician.

find

찾다

참고 과거형 found

The man found
the treasure.

outside

바깥에

Children are playing
soccer outside.

count

세다

The girl is counting
with her fingers.

Vocabulary Check

Subject Words 그림과 뜻을 보고 알맞은 단어를 쓰세요.

1

더하다

_____

2

빈칸

_____

3

합계

_____

4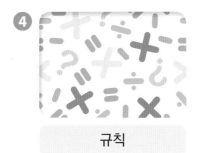

규칙

_____

5

추측하다

_____

More Words 우리말에 맞는 문장이 되도록 알맞은 단어를 고르세요.

1 그 남자는 보물을 찾았습니다.　　The man found / learned the treasure.

2 나는 수학자가 되고 싶습니다.　　I want to be a mathematician / composer .

3 이전 페이지로 되돌아가세요.　　Go back to the next / previous page.

4 아이들이 밖에서 축구를 하고 있습니다.　　Children are playing soccer inside / outside .

5 B는 A와 C 사이에 있습니다.　　*B* is behind / between *A* and *C*.

6 소녀는 그녀의 손가락으로 수를 세고 있습니다.　　The girl is counting / painting with her fingers.

지문을 듣고
따라 읽어보세요.

Numbers in Nature

🔍 Look at the numbers below.

Can you guess the number between 5 and 13?

| 1 | 1 | 2 | 3 | 5 | ? | 13 | 21 | 34 | ··· |

🔍 Add the two numbers before the blank.

Then you will get 8.

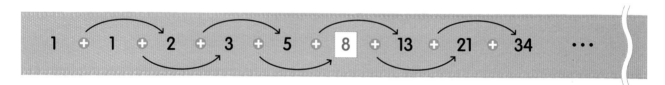

1 + 1 + 2 + 3 + 5 + 8 + 13 + 21 + 34 ···

🔘 **Key Grammar**　　명령문

Look at the numbers below.　　아래 숫자들을 보세요.

'~하세요' 혹은 '~해라'와 같이 상대방에게 무엇을 하도록 시킬 때 쓰는 문장을 '명령문'이라고 합니다. 명령문은 보통 'You'라는 주어를 따로 쓰지 않고 동사원형으로 시작합니다.

예 Read this book. 이 책을 읽으세요.
　 Go to bed early. 일찍 자세요.

Each number is the sum of the previous two numbers.

An Italian mathematician found this rule.

His name was Fibonacci.
피보나치

We can find Fibonacci's rule in nature too.

Let's go outside and find some flowers.

Let's count the numbers of flower *petals.

Some flowers have 3, 5, or 8 petals!

*petal 꽃잎

Do you know why?

It's because flowers grow best with these numbers of petals.

꽃 속에 숨어 있는 신기한 규칙

주변에 피어 있는 꽃들의 꽃잎 수를 세어 보세요. 대부분의 꽃잎이 3장, 5장, 8장, 13장으로 되어 있을 거예요. 그 이유는 무엇일까요? 꽃이 활짝 피기 전까지 꽃잎들은 겹쳐져 봉오리를 이루어 꽃 안의 암술과 수술을 보호해요. 이때 꽃잎의 수가 3, 5, 8, 13, …일 때 꽃잎을 겹치기가 가장 효율적이라고 합니다. 이 꽃잎의 수를 작은 수부터 배열하면 피보나치가 발견한 '피보나치 수열'과 같은 규칙인 걸 알 수 있어요.

1 다음 질문의 답으로 가장 적절한 것을 골라 보세요.

a 이 글의 주제는 무엇인가요?

1 a rule in nature

2 numbers of flower petals

3 why flowers grow well outside

b 아래 숫자들의 배열 규칙에 관한 설명으로 알맞지 <u>않은</u> 것은 무엇인가요?

1	1	2	3	5	8	13	21	34	...

1 The number after 34 will be 45.

2 An Italian mathematician found this rule.

3 Each number is the sum of the previous two numbers.

2 다음 문장을 읽고 맞으면 T, 틀리면 F에 표시하세요.

1 Fibonacci was an Italian mathematician.   T   F

2 We can find Fibonacci's rule in nature.   T   F

3 All flowers have 3, 5, or 8 petals.   T   F

3 다음 질문에 알맞은 답이 되도록 빈칸에 들어갈 말을 본문에서 찾아 써보세요.

Q Why do many flowers have 3, 5, or 8 petals?

A It's because flowers _____ _____ with these numbers of petals.

64

Brain Power

흥미로운 미션을 풀고
코딩을 위한 사고력도 길러보세요!

1 절차적 사고력

힌트 를 참고하여 빈칸에 알맞은 알파벳과 숫자를 채우고, 완성된 단어와 그 뜻을 써보세요.

힌트

| add = 9 | 1+4+4 = 9 |

a

☐ ☐ ☐ ☐ = 33

6   9   ___   4

단어:

뜻:

b

☐ o ☐ ☐ ☐ = 73

3   ___   ___   14   20

단어:

뜻:

2 문제 해결력

네 장의 쪽지가 있습니다. 세 명의 학생들이 쪽지를 하나씩 뽑아서 쪽지 내용이 피보나치에 관한 알맞은 설명이면 2점, 그렇지 않으면 1점을 얻을 때, 각 친구가 세 번째 게임 후 얻을 총 점수를 맞혀보세요.

① Fibonacci was Italian.

② Fibonacci didn't like flowers.

③ Fibonacci had a flower garden.

④ Fibonacci was a mathematician.

	😊	😮	🤓
첫 번째 게임	①	②	④
두 번째 게임	④	②	③
세 번째 게임	②	①	③
점수			

Wrap UP!

Unit 01 보기 에서 알맞은 말을 골라 평야와 산지의 특징에 관한 설명을 완성하세요.

보기 corn   richer   flat   high   wheat   cooler

Plains

large areas of _____ land around rivers

The rivers make the land _____.

Farmers grow rice and _____.

Mountains

_____ areas of land

_____ than plains

Farmers grow _____ and potatoes.

기억이 안 난다면? 42쪽으로 이동하세요.

Unit 02 보기 에서 알맞은 말을 골라 식물이 영양분을 얻는 방식에 관한 설명을 완성하세요.

보기 water   food   leaves   light

Plants make their own _____.

❶ Plants get _____ from the soil through their roots.

❷ A green chemical in plants gets _____ from the sun.

❸ Plants get carbon dioxide through their _____.

기억이 안 난다면? 48쪽으로 이동하세요.

Unit 03 보기 에서 알맞은 말을 골라 클로드 모네(Claude Monet)와 그 작품을 설명하는 글을 완성하세요.

| 보기 | painter | captured | pond | water lilies |

Claude Monet was a _____.

He is famous for his paintings of _____.

He had a garden at his house. There were flowers,

trees, and a _____ in the garden. The painter

_____ them in the paintings.

기억이 안 난다면? 54쪽으로 이동하세요.

Unit 04 피보나치(Fibonacci)가 발견한 규칙에 맞게 아래 표에 알맞은 숫자를 채우고, 알맞은 단어를 골라보세요.

| 1 | 1 | 2 | 3 | 5 | 8 | ☐ | 21 | ☐ | ... |

- Each number is the sum of the next / previous two numbers.

- An Italian painter / mathematician found this rule.

- Some flowers have petals in these numbers.

- Flowers grow high / best with these numbers of petals.

기억이 안 난다면? 60쪽으로 이동하세요.

전개도를 접었을 때 나오는 정육면체를 찾아보세요.

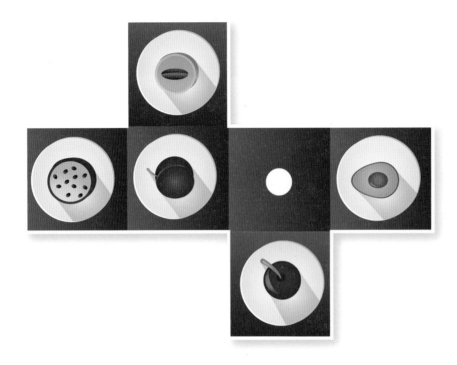

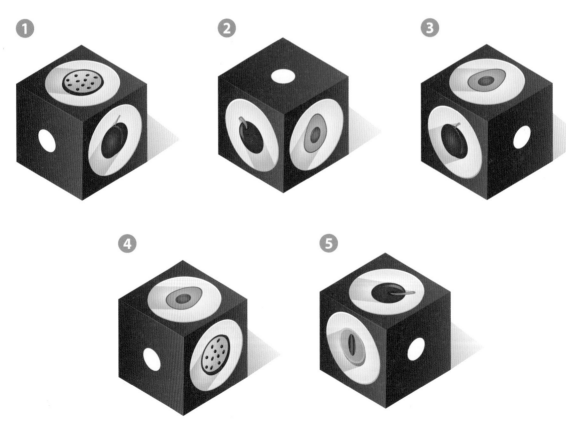

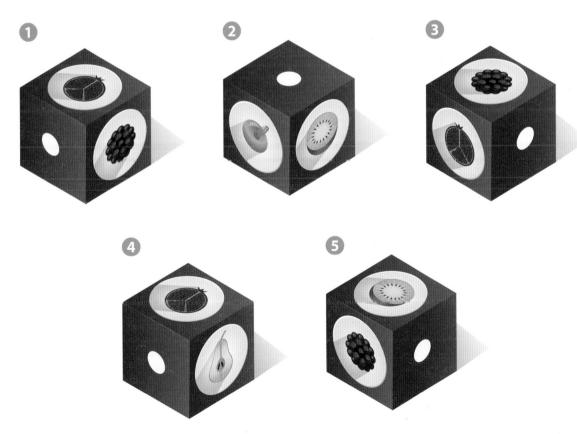

Chapter 3

Relationships

'Relationship'은 '관계'라는 의미의 단어예요. 여러분은 '관계'라고 하면 어떤 것이 떠오르나요? 우리는 가족, 친구, 그리고 이웃 등 여러 사람들과 관계를 맺고 살아가고 있어요. 또한, 생태계 안에 수많은 생물들도 서로 관계를 맺고 살고 있답니다. 이러한 관계는 수학 속에서도 찾을 수 있어요. 이번 Chapter에서 다양한 관계에 대해 알아볼까요?

사회

UNIT 01

We Live Together

과학

UNIT 02

Food Chains and
Food Webs

체육

UNIT 03

Good Relationships
through Sports

수학

UNIT 04

Three Friends:
Gram, Kilogram,
and Ton

Chapter Q　　　　What is a "good relationship" to you?

We Live Together

Subject Words QR코드를 이용하여 단어를 듣고 따라 읽어보세요.

pollution
오염

facility
시설

waste treatment
쓰레기 처리

smell
냄새

More Words QR코드를 이용하여 단어와 예문을 듣고 따라 읽어보세요.

town
(소)도시

There is a town
on the mountain.

worry
걱정하다

The girl worries about
her homework.

backyard
뒷마당

We have a big tree
in our backyard.

selfish
이기적인

The boy is selfish.

express
표현하다

Express your love to
your parents.

opinion
의견

We have the same
opinion.

Vocabulary Check

Subject Words 그림과 뜻을 보고 알맞은 단어를 쓰세요.

1

냄새

_____

2

쓰레기 처리

_____

3

오염

_____

4

시설

_____

More Words 우리말에 맞는 문장이 되도록 알맞은 단어를 고르세요.

1 산에 도시가 있습니다.   There is a town / tower on the mountain.

2 우리는 뒷마당에 큰 나무 한 그루가 있습니다. We have a big tree in our backyard / garden .

3 당신의 부모님에게 사랑을 표현하세요.   Express / Inspire your love to your parents.

4 그 소녀는 그녀의 숙제를 걱정합니다.   The girl worries / works about her homework.

5 그 소년은 이기적입니다.   The boy is famous / selfish .

6 우리는 같은 의견을 가지고 있습니다.   We have the same opinion / observatory .

We Live Together

A waste treatment facility will open in Jiho's town.

Jiho's neighbors don't like it.

They worry about the bad smell and water pollution.

They don't want the facility in their town.

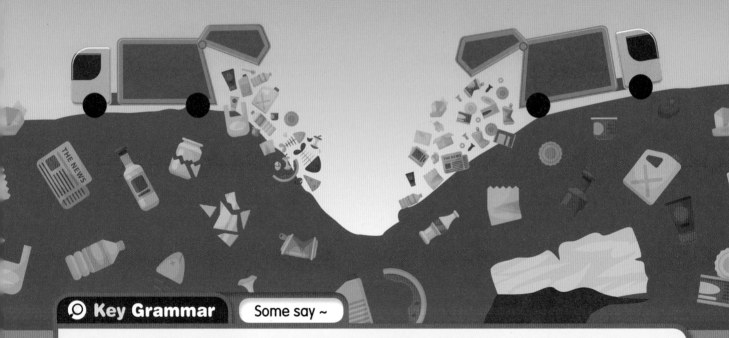

🎯 Key Grammar   Some say ~

Some say NIMBY is bad.   어떤 사람들은 님비가 나쁘다고 말합니다.

'어떤 사람들은 ~라고 말합니다'는 영어로 'Some say ~'라고 표현할 수 있어요. 이때, 'some'은 some people(어떤 사람들)의 의미로 쓰입니다.

🔊 Some say television is bad. 어떤 사람들은 텔레비전이 나쁘다고 말합니다.
    Some say he is kind. 어떤 사람들은 그가 친절하다고 말합니다.

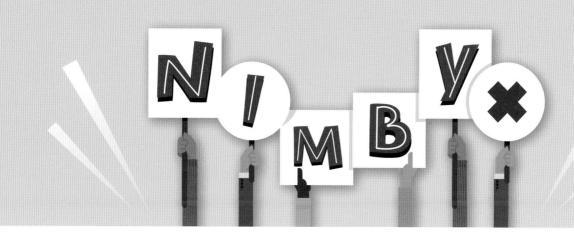

This is an example of NIMBY.

NIMBY means "Not in My Backyard."

People don't want some facilities near their homes.

Some say NIMBY is bad.

They think it is selfish.

But some say NIMBY is not bad.

We live in a *democracy.

So anyone can express their opinion.

*democracy 민주주의

What do you think of NIMBY?

 님비(NIMBY) 현상 - 우리 동네에는 싫어요!

쓰레기 매립지는 우리 생활에 꼭 필요해요. 하지만 이러한 시설이 주변에는 불편을 줄 수도 있죠. 그래서 그런 시설들이 자신의 지역에 생기는 것을 반대하는 경우가 있는데, 이를 님비현상이라고 한답니다. 이 현상을 나쁘게만 볼 수 없는 것이, 애향심과 자기보호를 위한 행동일 수 있기 때문이에요. 따라서 서로에게 이익이 될 수 있도록 대화와 타협을 통한 모두의 노력이 필요해요!

1 다음 질문의 답으로 가장 적절한 것을 골라 보세요.

ⓐ 이 글의 주제는 무엇인가요?

① the meaning of NIMBY

② good neighbors in towns

③ problems with waste treatment

ⓑ 마을 사람들이 쓰레기 처리시설을 반대하는 이유를 <u>모두</u> 골라 보세요.

① the smell　　　　　**②** earthquakes　　　　　**③** water pollution

ⓒ 사람들이 님비(NIMBY)가 나쁘다고 하는 이유는 무엇인가요?

① because it is selfish

② because it makes pollution

③ because we live in a democracy

2 다음 문장을 읽고 맞으면 T, 틀리면 F에 표시하세요.

① Jiho's neighbors don't want the waste treatment facility.　　　T ⋮ F

② Some people say NIMBY is not bad.　　　T ⋮ F

③ In a democracy, people can't express their opinion.　　　T ⋮ F

3 다음 질문에 알맞은 답이 되도록 빈칸에 들어갈 말을 본문에서 찾아 써보세요.

Q What does NIMBY mean?

A NIMBY means "＿＿＿＿＿ ＿＿＿＿＿ ＿＿＿＿＿ ＿＿＿＿＿."

Brain Power

흥미로운 미션을 풀고
코딩을 위한 사고력도 길러보세요!

1 절차적 사고력

앞뒤에 같은 알파벳이 적혀 있는 단어띠가 있어요. 예시 를 참고하여 단어띠를 여러 가지로 접은 모양을 보고, 모두 펼쳤을 때 적힌 단어를 맞혀보세요.

예시

앞면: E X P R E S S
뒷면: S S E R P X E

★ 빨간 점선 따라 한 번 접었을 때
P X E S

★ 파란 점선 따라 두 번 접었을 때
E P S S

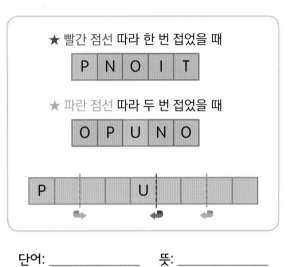

★ 빨간 점선 따라 한 번 접었을 때
P N O I T

★ 파란 점선 따라 두 번 접었을 때
O P U N O

P ☐ ☐ U ☐ ☐ ☐

단어: _____ 뜻: _____

2 논리적 사고력

마을 사람들이 쓰레기 처리시설을 만드는 것에 대해 토론을 하고 있어요. 찬성표와 반대표가 다음과 같을 때, Kate가 한 말로 알맞은 것을 골라보세요.

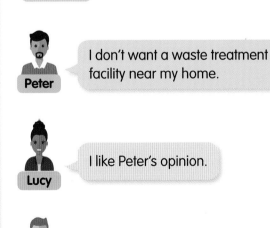

Peter: I don't want a waste treatment facility near my home.

Amy: I agree with Sam.

Lucy: I like Peter's opinion.

Harry: I don't like Amy's idea.

Sam: I don't like Peter's opinion.

Kate: I agree / don't agree with Harry.

찬성
3

반대
3

UNIT 02 과학

Food Chains and Food Webs

Subject Words QR코드를 이용하여 단어를 듣고 따라 읽어보세요.

ecosystem
생태계

eagle
독수리

bird
새

food web
먹이 그물

food chain
먹이 사슬

snake
뱀

grass
풀

grasshopper
메뚜기

frog
개구리

More Words QR코드를 이용하여 단어와 예문을 듣고 따라 읽어보세요.

eat
먹다

We are eating
ice cream.

connect
연결하다

I can connect to
the internet.

chain
사슬

I keep the chain
on the door.

type
종류

There are many types
of bikes.

like
~처럼

We are singing
like singers.

web
거미줄; *그물

Look at the spider
web.

Subject Words 그림과 뜻을 보고 알맞은 단어를 쓰세요.

①	②	③	④
독수리	먹이 사슬	뱀	생태계

⑤	⑥	⑦	⑧
메뚜기	새	개구리	풀

More Words 우리말에 맞는 문장이 되도록 알맞은 단어를 고르세요.

① 우리는 아이스크림을 먹고 있습니다.　　　We are eating / using ice cream.

② 나는 문에 사슬을 채워둡니다.　　　I keep the chain / plant on the door.

③ 저 거미줄을 좀 보세요.　　　Look at the spider root / web .

④ 우리는 가수처럼 노래를 부르고 있습니다.　　　We are singing like / with singers.

⑤ 많은 종류의 자전거가 있습니다.　　　There are many rules / types of bikes.

⑥ 나는 인터넷에 연결할 수 있습니다.　　　I can count / connect to the internet.

지문을 듣고
따라 읽어보세요.

Food Chains and Food Webs

Animals need energy.

They get energy from plants and other animals.

The grasshopper eats grass.

The frog eats the grasshopper.

The snake eats the frog.

The eagle eats the snake.

They are connected in a chain.

We call this a food chain.

eagle

snake

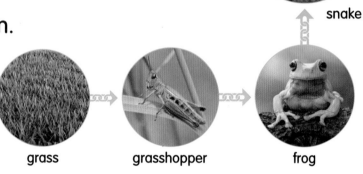

grass   grasshopper   frog

🔍 Key Grammar (call A B)

We call this a food chain.   우리는 이것을 먹이 사슬이라고 부릅니다.

call은 '~을 부르다'라는 뜻의 동사입니다. call 다음에 명사(구) 두 개가 나란히 와서 'call A B'가 되면 'A를 B라고 부릅니다', 'A를 B라고 이름 짓습니다'라는 의미가 됩니다.

예 I call my dog Max.   나는 나의 개를 Max라고 부릅니다.
    We called our baby Jim.   우리는 우리 아기를 Jim이라고 이름 지었습니다.

There are many food chains in an ecosystem.

One type of animal eats more than one plant or animal.

The eagle eats the snake.

The eagle eats small birds too.

The grasshopper eats grass.

The grasshopper eats other plants too.

These food chains are connected like a web.

We call this a food web.

참새가 사라지면 …

옛날에 한 왕이 벼 이삭을 먹고 있는 참새를 발견했어요. "인간의 식량을 먹다니 괘씸하군! 당장 모든 참새를 없애라!" 왕의 명령으로 많은 참새들이 사라졌죠. 그런데 다음 해 쌀 부족으로 오히려 많은 사람들이 죽고 말았어요. 왜일까요? 바로 벼 농사에 해를 끼치는 해충을 잡아 먹는 참새가 모두 죽어버렸기 때문이에요! 이처럼 눈에 보이지 않는다고 먹이 사슬을 파괴하면 인간에게 그 피해가 돌아올 수 있답니다.

1 다음 질문의 답으로 가장 적절한 것을 골라 보세요.

a 이 글의 주제는 무엇인가요?

1 plants in food chains

2 food chains and food webs in an ecosystem

3 the difference between food chains and food webs

b 먹이 사슬에서 개구리는 무엇을 먹나요?

1 the grasshopper   **2** grass   **3** the snake

c 먹이 사슬에 관한 설명으로 알맞은 것은 무엇인가요?

1 Food chains are not connected.

2 Food chains are connected like a web.

3 There is only one food chain in an ecosystem.

2 다음 문장을 읽고 맞으면 T, 틀리면 F에 표시하세요.

1 Animals get energy from plants and other animals.   T : F

2 The snake eats the eagle.   T : F

3 One type of animal eats more than one plant or animal.   T : F

3 다음 질문에 알맞은 답이 되도록 빈칸에 들어갈 말을 본문에서 찾아 써보세요.

Q How are food chains connected?

A Food chains are connected like a _____. So we call this a _____

_____.

Brain Power

흥미로운 미션을 풀고
코딩을 위한 사고력도 길러보세요!

---

1 절차적 사고력

암호문에 얼룩이 묻어 몇몇 암호가 보이지 않아요. 암호를 해독하여 단어를 찾고 그 뜻을 써보세요.

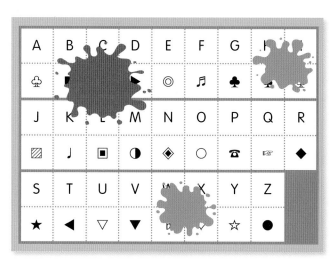

암호

뜻: _____

암호

뜻: _____

---

2 문제 해결력

생태계의 먹이 그물 안에는 다양한 동물들이 있어요. 동물들이 하는 이야기를 듣고, 빈칸에 들어갈 알맞은 동물 이름을 써보세요.

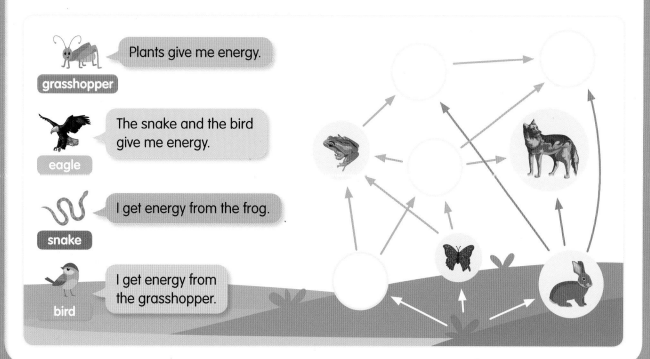

grasshopper — Plants give me energy.

eagle — The snake and the bird give me energy.

snake — I get energy from the frog.

bird — I get energy from the grasshopper.

UNIT 03 체육

Good Relationships through Sports

Subject **Words** QR코드를 이용하여 단어를 듣고 따라 읽어보세요.

sports 운동

soccer 축구

fall down 넘어지다
참고 과거형 fell down

compete against ~와 경쟁하다

More **Words** QR코드를 이용하여 단어와 예문을 듣고 따라 읽어보세요.

The boy works in the garden.

The girl plays the role of a doctor.

I trust my mother.

People respect dogs.

She helped him up.

We have good teamwork.

Subject Words 그림과 뜻을 보고 알맞은 단어를 쓰세요.

1

운동

_____

2

축구

_____

3

~와 경쟁하다

_____

4

넘어지다

_____

More Words 우리말에 맞는 문장이 되도록 알맞은 단어를 고르세요.

1 나는 나의 엄마를 믿습니다.　　　　I　trust / respect　my mother.

2 사람들은 개들을 존중합니다.　　　　People　trust / respect　dogs.

3 그 소년은 정원에서 일합니다.　　　　The boy　works / grows　in the garden.

4 그 소녀는 의사 역할을 합니다.　　　　The girl plays the　role / area　of a doctor.

5 그녀는 그가 일어나도록 도왔습니다.　　She　helped / inspired　him up.

6 우리는 팀워크가 좋습니다.　　　　We have good　teamwork / artwork　.

지문을 듣고
따라 읽어보세요.

Good Relationships through Sports

Jack plays sports with his friends.

He competes against some of them.

But they have a good relationship!

How?

First, his team learned how to work together.

They often play soccer together.

They know their roles.

They trust each other.

So they play well together during the games.

🔍 Key Grammar | how to + 동사원형

Jack's team learned how to work together.　Jack의 팀은 함께 일하는 방법을 배웠습니다.

'how to + 동사원형'은 '~하는 방법'이라는 뜻의 명사구로, 주로 문장에서 목적어로 쓰입니다.

> 예 I learned how to swim.　나는 수영하는 방법을 배웠습니다.
> He doesn't know how to play the guitar.　그는 기타 치는 방법을 모릅니다.

86

The teams also learned how to respect each other.

One day, Jack fell down during a game.

Then a friend helped him up.

The friend was from the other team!

They respect each other.

Jack and his friends learn teamwork and respect through sports.

So they have a good relationship.

스포츠, 같이 하면 더 좋아요!

여러 명이 함께 하는 '팀 스포츠'는 팀워크(teamwork)가 가장 중요한 요소인 운동입니다. 그 예로는 야구, 농구, 배구, 축구, 하키 등이 있어요. 팀 스포츠를 통해 우리는 무엇을 기를 수 있을까요? 함께 협력하여 행동하는 협동심을 기를 수 있어요. 또, 공정하게 경기에 임하고 상대편에 예의를 지키는 스포츠맨십도 기를 수 있답니다.

1 다음 질문의 답으로 가장 적절한 것을 골라 보세요.

a 이 글의 주제는 무엇인가요?

1 how to make new friends

2 how to play soccer with friends

3 how to build good relationships through sports

b Jack은 친구들과 어떤 운동을 자주 연습하나요?

1 tennis   2 soccer   3 basketball

c Jack이 경기 도중 넘어졌을 때 무슨 일이 일어났나요?

1 His friend on the same team helped him up.

2 His friend from the other team fell down too.

3 His friend from the other team helped him up.

2 다음 문장을 읽고 맞으면 T, 틀리면 F에 표시하세요.

1 Jack competes against some of his friends.   T : F

2 Jack doesn't have a good relationship with his friends.   T : F

3 Jack and his friends trust each other.   T : F

3 다음 질문에 알맞은 답이 되도록 빈칸에 들어갈 말을 본문에서 찾아 써보세요.

Q What do Jack and his friends learn through sports?

A They learn _____ and _____ through sports.

Brain Power

흥미로운 미션을 풀고
코딩을 위한 **사고력**도 길러보세요!

절차적 사고력 · **규칙** 을 읽고 퍼즐에 알맞게 색칠한 후, 색칠하지 않은 칸의 알파벳을 조합하여 단어를 만들고 그 뜻을 써보세요.

규칙

1. 퍼즐 왼쪽에 있는 숫자는 가로로 색칠한 칸의 수예요.
2. 퍼즐 아래쪽에 있는 숫자는 세로로 색칠한 칸의 수예요.
3. 숫자 사이에는 반드시 색칠하지 않은 칸이 있어요.
4. ♥가 있는 곳에는 색칠할 수 없어요.

퍼즐 1

2 3	▨	▨	e	▨	▨	▨
1 3	p	♥	k	b	t	r
2 2	s	g	e	t	a	▨
2 1 1	a	h	♥	i	c	p
1 2 1	n	e	l	t	♥	m
2 2	i	▨	p	♥	y	o

열 숫자:
2 3 / 1 2 1 / 2 1 / 2 2 / 3 1 / 1 4

단어:

뜻:

퍼즐 2

2 3	s	e	♥	f	q	o
2 2	r	k	v	♥	w	u
2 1	b	d	k	m	e	♥
1 3	x	o	e	a	g	t
2 1 1	t	p	a	t	w	h
2 2	♥	n	m	e	l	j

열 숫자:
1 3 / 3 2 / 1 1 1 / 1 2 / 4 1 / 2 2

단어:

뜻:

UNIT 04 수학

Three Friends: Gram, Kilogram, and Ton

Subject Words QR코드를 이용하여 단어를 듣고 따라 읽어보세요.

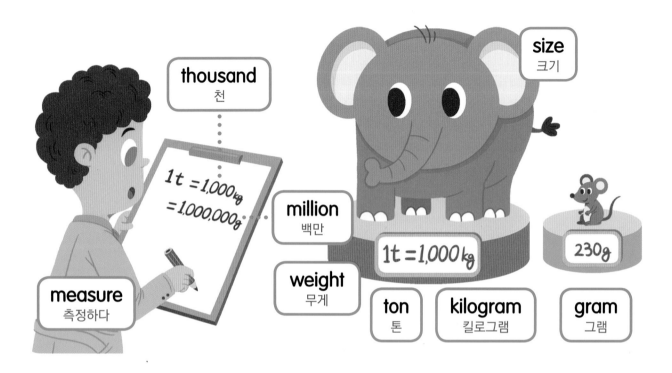

thousand
천

million
백만

weight
무게

measure
측정하다

$1t = 1,000kg = 1,000,000g$

size
크기

$1t = 1,000kg$

230g

ton
톤

kilogram
킬로그램

gram
그램

More Words QR코드를 이용하여 단어와 예문을 듣고 따라 읽어보세요.

close
가까운

We are a very close family.

item
물품

There are many items on the table.

among
~중에

He is the tallest among his brothers.

light
가벼운

Tennis balls are small and light.

heavy
무거운

The box is so heavy.

huge
거대한

There is a huge tree next to the house.

Subject Words 그림과 뜻을 보고 알맞은 단어를 쓰세요.

1
무게

_____

2
크기

_____

3
천

_____

4
백만

_____

5
그램

_____

6
킬로그램

_____

7
톤

_____

8
측정하다

_____

More Words 우리말에 맞는 문장이 되도록 알맞은 단어를 고르세요.

1 상자가 매우 무겁습니다.
The box is so light / heavy .

2 우리는 매우 가까운 가족입니다.
We are a very close / large family.

3 테니스 공은 작고 가볍습니다.
Tennis balls are small and light / heavy .

4 집 옆에 거대한 나무 한 그루가 있습니다.
There is a high / huge tree next to the house.

5 그는 형제들 중에서 키가 가장 큽니다.
He is the tallest among / behind his brothers.

6 탁자 위에 많은 물품들이 있습니다.
There are many items / treasures on the table.

kilogram

gram

ton

Three Friends : Gram, Kilogram, and Ton

These three friends have a close relationship.

They all represent weight of items.

But they are different in size.

The first friend is the gram.

He is the smallest among them.

We measure light items in grams.

Key Grammar — 배수사 + 비교급

A kilogram is a thousand times bigger than a gram.　　1킬로그램은 1그램보다 천 배 더 큽니다.

영어로 배수를 표현할 때 2배는 'twice'라고 쓰고, 3배부터는 '숫자(기수) times'라고 씁니다. 이런 배수 표현을
배수사라고 합니다. 배수사 다음에 비교급을 같이 쓰면 '~보다 몇 배 더 ~한'이라는 뜻이에요.

예 It is five times bigger than her.　그것은 그녀보다 다섯 배 더 큽니다.
This planet is ten times larger than the earth.　이 행성은 지구보다 열 배 더 큽니다.

The second friend is the kilogram.

He is a thousand times bigger than the gram.

We measure heavy items in kilograms.

The third friend is the ton.

She is the biggest among them.

She is a thousand times bigger than the kilogram.

So she is a million times bigger than the gram.

We measure huge items in tons.

🔍 물건들은 각자 어울리는 단위가 있어요!

물건들은 그 무게에 따라 사용하는 단위가 달라요. 우리가 먹는 음식이나 가벼운 물건들의 무게를 나타낼 때는 그램(gram) 단위를 사용해요. 체중이나 무거운 물건의 무게를 나타낼 때는 킬로그램 (kilogram) 단위를 사용해요. 그리고 자동차나 코끼리와 같은 거대한 사물이나 동물의 무게를 나타낼 때는 톤(ton) 단위를 사용한답니다.

1 다음 질문의 답으로 가장 적절한 것을 골라 보세요.

a 이 글의 주제는 무엇인가요?

  1 how to measure heavy items

  2 three friends of the same size

  3 measuring weight with grams, kilograms, and tons

b 가벼운 물건을 측정하는 데 사용하는 단위는 무엇인가요?

  1 gram   **2** kilogram   **3** ton

c gram, kilogram, ton의 공통점은 무엇인가요?

  1 They are the same size.

  2 They all measure huge items.

  3 They all represent weight of items.

2 다음 문장을 읽고 맞으면 T, 틀리면 F에 표시하세요.

  1 A gram is smaller than a kilogram.   T F

  2 We measure heavy items in grams.   T F

  3 A ton is a thousand times bigger than a gram.   T F

3 다음 질문에 알맞은 답이 되도록 빈칸에 들어갈 말을 본문에서 찾아 써보세요.

Q How much bigger is the biggest friend (ton) than the smallest friend (gram)?

A The biggest friend is a _____ _____ _____ than the smallest friend.

Brain Power

흥미로운 미션을 풀고
코딩을 위한 사고력도 길러보세요!

논리적 사고력

알파벳 상자들의 무게를 재고 있어요. 무게가 같은 상자들의 알파벳을 조합하여 단어를 만들고 뜻도 함께 써보세요.

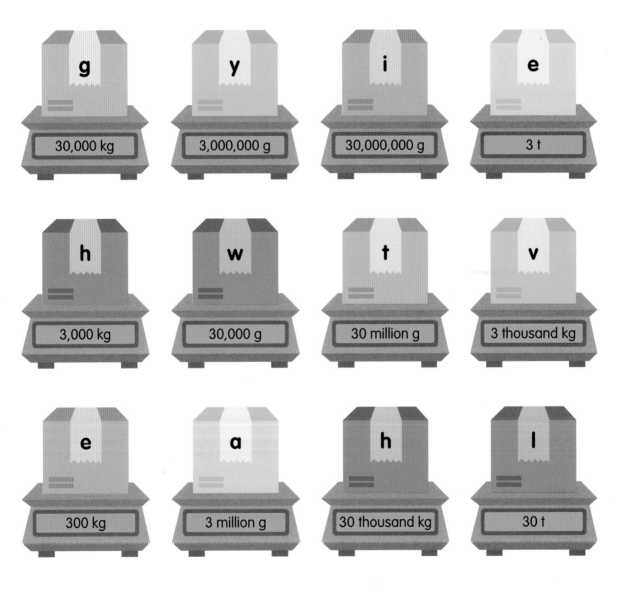

❶ 단어:

뜻:

❷ 단어:

뜻:

Wrap UP!

Jiho와 마을 친구들이 이야기를 나누고 있어요. 보기 에서 알맞은 말을 골라 빈칸을 완성하세요.

보기	smell	selfish	pollution	treatment

Jiho: A waste _____ facility will open in our town. What do you think?

Jimin: I don't like it. I worry about the bad _____!

Suho: I think so too. I worry about water _____.

Yuna: I think NIMBY is bad. It's _____!

기억이 안 난다면? 72쪽으로 이동하세요.

보기 에서 알맞은 말을 골라 빈칸을 완성하세요.

보기	web	chain	plants	ecosystem

Animals eat _____ and other animals.

This is a food _____.

There are a lot of them in a(n) _____.

These chains are connected.

This is a food _____.

기억이 안 난다면? 78쪽으로 이동하세요.

Unit 03 Jack과 친구들이 축구 동아리의 회원을 모집하기 위해 포스터를 만들고 있어요. 빈칸을 채워 포스터를 완성하세요.

보기   teamwork   together   roles   trust

**Play Soccer and
Build Good Relationships!**

Let's play together! We play soccer and ...

→ learn how to work _____

→ know our _____

→ _____ each other

→ respect each other

We can learn _____ and respect through sports!

기억이 안 난다면? 84쪽으로 이동하세요.

Unit 04 **보기** 에서 알맞은 말을 골라 빈칸을 완성하세요.

보기   huge   thousand   million   light   thousand

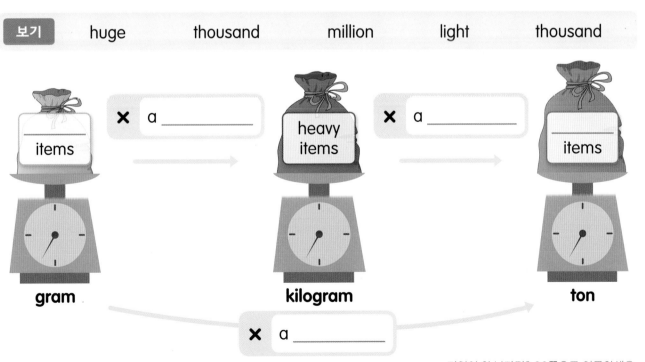

items
gram

× a _____

heavy
items
kilogram

× a _____

items
ton

× a _____

기억이 안 난다면? 90쪽으로 이동하세요.

아래 도형을 위에서 내려다본 모습을 찾아보세요.

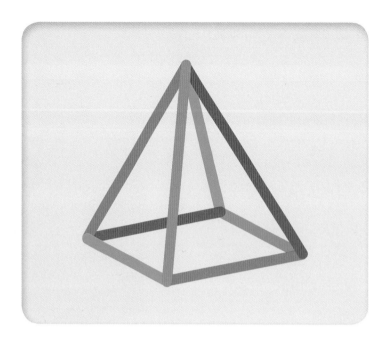

❶

❷

❸

❹

❺

❻

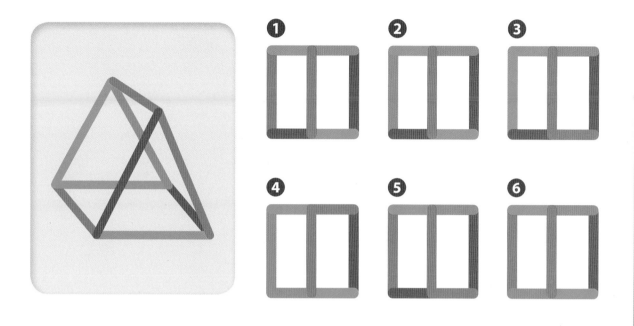

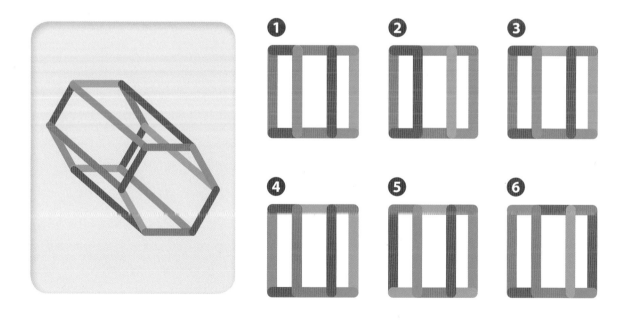

MEMO

MEMO

Photo Credits

www.shutterstock.com

지은이

NE능률 영어교육연구소

NE능률 영어교육연구소는 혁신적이며 효율적인 영어 교재를 개발하고
영어 학습의 질을 한 단계 높이고자 노력하는 NE능률의 연구조직입니다.

초등영어 리딩이 된다 Jump 1

펴 낸 이	주민홍
펴 낸 곳	서울특별시 마포구 월드컵북로 396(상암동) 누리꿈스퀘어 비즈니스타워 10층
	㈜NE능률 (우편번호 03925)
펴 낸 날	2019년 1월 5일 초판 제1쇄
	2024년 2월 15일 제11쇄
전 화	02 2014 7114
팩 스	02 3142 0356
홈 페 이 지	www.neungyule.com
등 록 번 호	제1-68호
I S B N	979-11-253-2501-7
정 가	14,000원

NE능률

고객센터

교재 내용 문의 : contact.nebooks.co.kr (별도의 가입 절차 없이 작성 가능)

제품 구매, 교환, 불량, 반품 문의 : 02-2014-7114

☎ 전화문의는 본사 업무시간 중에만 가능합니다.

초중등 어휘 필수 기본서
주니어 능률 VOCA

STARTER 1   STARTER 2   입문   기본   실력   숙어

STARTER 1
· 초3-4 수준의 필수 어휘 480개 수록

STARTER 2
· 초5-6 수준의 필수 어휘 480개 수록

입문
· 예비중 수준의 필수 단어 및 숙어 1000개 수록

기본
· 중1-2 수준의 필수 단어 및 숙어 1,200개 수록

실력
· 중2-예비고 수준의 필수 단어 및 숙어 1,200개 수록

숙어
· 중학교 전 교과서 분석을 토대로 700개 핵심 영숙어 수록

NE능률 교재 MAP

아래 교재 MAP을 참고하여 본인의 현재 혹은 목표 수준에 따라 교재를 선택하세요.
NE능률 교재들과 함께 영어실력을 쑥쑥~ 올려보세요!
MP3 등 교재 부가 학습 서비스 및 자세한 교재 정보는 www.nebooks.co.kr 에서 확인하세요.

초1-2
초등영어 리딩이 된다 Start 1
초등영어 리딩이 된다 Start 2
초등영어 리딩이 된다 Start 3
초등영어 리딩이 된다 Start 4

초3
리딩버디 1

초3-4
리딩버디 2
초등영어 리딩이 된다 Basic 1
초등영어 리딩이 된다 Basic 2
초등영어 리딩이 된다 Basic 3
초등영어 리딩이 된다 Basic 4

초4-5
리딩버디 3
주니어 리딩튜터 스타터 1

초5-6
초등영어 리딩이 된다 Jump 1
초등영어 리딩이 된다 Jump 2
초등영어 리딩이 된다 Jump 3
초등영어 리딩이 된다 Jump 4
주니어 리딩튜터 스타터 2

초6-예비중
주니어 리딩튜터 1
Junior Reading Expert 1
Reading Forward Basic 1

중1
1316 Reading 1
주니어 리딩튜터 2
Junior Reading Expert 2
Reading Forward Basic 2
열중 16강 독해+문법 1
Reading Inside Starter

중1-2
1316 Reading 2
주니어 리딩튜터 3
정말 기특한 구문독해 입문
Junior Reading Expert 3
Reading Forward Intermediate 1
열중 16강 독해+문법 2
Reading Inside 1

중2-3
1316 Reading 3
주니어 리딩튜터 4
정말 기특한 구문독해 기본
Junior Reading Expert 4
Reading Forward Intermediate 2
Reading Inside 2

중3
리딩튜터 입문
정말 기특한 구문독해 완성
Reading Forward Advanced 1
열중 16강 독해+문법 3
Reading Inside 3

중3-예비고
Reading Expert 1
리딩튜터 기본
Reading Forward Advanced 2

고1
빠바 기초세우기
리딩튜터 실력
Reading Expert 2
TEPS BY STEP G+R Basic

고1-2
빠바 구문독해
리딩튜터 수능 PLUS
Reading Expert 3

고2-3, 수능 실전
빠바 유형독해
빠바 종합실전편
Reading Expert 4
TEPS BY STEP G+R 1

고3 이상, 수능 고난도
Reading Expert 5
능률 고급영문독해

수능 이상/ 토플 80-89 · 텝스 600-699점
ADVANCED Reading Expert 1
TEPS BY STEP G+R 2
RADIX TOEFL Blue Label Reading 1,2

수능 이상/ 토플 90-99 · 텝스 700-799점
ADVANCED Reading Expert 2
RADIX TOEFL Black Label Reading 1

수능 이상/ 토플 100 · 텝스 800점 이상
RADIX TOEFL Black Label Reading 2
TEPS BY STEP G+R 3

초등영어

리딩이 된다

Jump 1

Words
90

WORKBOOK · 정답 및 해설

초등영어

리딩이 된다

Jump 1

WORKBOOK

Subject Words 빈칸에 들어갈 알맞은 단어를 쓰세요.

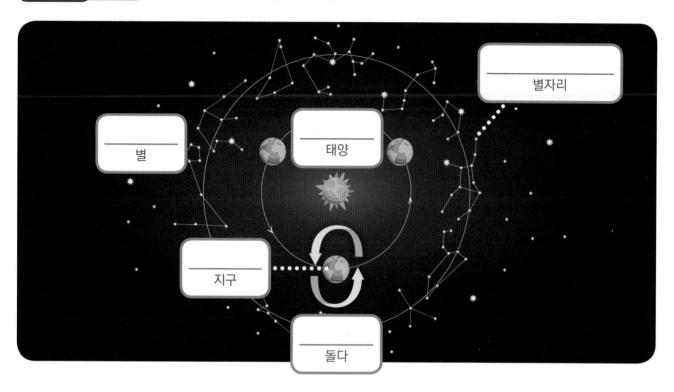

_____
별자리

_____
별

_____
태양

_____
지구

_____
돌다

More Words 우리말에 맞도록 빈칸에 들어갈 알맞은 말을 보기 에서 찾아 쓰세요.

보기   season   patterns   change   same   different   season   behind

1 We can see some _____ in the stars.
우리는 별들 속에서 몇몇의 무늬들을 볼 수 있습니다.

2 We can't always see the _____ constellations.
우리는 항상 같은 별자리를 볼 수 없습니다.

3 The constellations _____ from _____ to _____.
별자리들은 계절마다 바뀝니다.

4 Some stars go _____ the sun.
어떤 별들은 태양 뒤로 갑니다.

5 We see _____ constellations each season.
우리는 계절마다 다른 별자리를 봅니다.

조동사 can ~할 수 있습니다

조동사 can은 '~할 수 있습니다'라는 뜻으로 쓰이며, 뒤에는 항상 동사원형을 써야합니다. 반대로 '~할 수 없습니다'는 can 뒤에 -not을 붙여 cannot 또는 줄여서 can't로 씁니다.

Step 1 빈칸을 알맞게 채워 문장을 완성해 보세요.

① 우리는 별들 속에서 몇몇의 무늬들을 볼 수 있습니다.

→ We _____ see some patterns in the stars.

② 우리는 몇몇의 별들을 지구에서 볼 수 없습니다.

→ We _____ see some stars from the earth.

Step 2 우리말 뜻에 맞게 괄호 안의 단어를 알맞은 순서로 배열해 보세요.

① 나는 영어를 말할 수 있습니다. (speak, I, English, can)

→ _____.

② 그는 피아노를 칠 수 없습니다. (the piano, he, can't, play)

→ _____.

Step 3 우리말 뜻에 맞게 주어진 단어를 사용해 문장을 만들어 보세요.

① 나는 케이크를 만들 수 있습니다. (make, I, a cake)

→ _____.

② 내 동생은 수영을 할 수 없습니다. (my brother, swim)

→ _____.

Twinkle, Twinkle, Little Star

Subject **Words** 빈칸에 들어갈 알맞은 단어를 쓰세요.

_____ 소리, *들리다

_____ 노래

_____ 멜로디

_____ 듣다
참고 과거형 _____

_____ 노래하다

_____ 작곡가

More **Words** 우리말에 맞도록 빈칸에 들어갈 알맞은 말을 보기 에서 찾아 쓰세요.

| 보기 | became | put | know | folk | poem | famous |

1 Do you _____ this song?

당신은 이 노래를 아나요?

2 There was a _____ Austrian composer.

한 유명한 오스트리아의 작곡가가 있었습니다.

3 Mozart heard a French _____ melody in Paris.

모차르트는 파리에서 프랑스 민속 멜로디를 들었습니다.

4 A man _____ his _____ to Mozart's melody.

한 남자가 모차르트의 멜로디에 그의 시를 넣었습니다.

5 The melody _____ "Twinkle, Twinkle, Little Star."

그 멜로디는 "반짝 반짝 작은 별"이 되었습니다.

Let's + 동사원형　~합시다

'Let's + 동사원형'은 '~합시다'라는 뜻으로, 상대방에게 무언가를 제안하는 제안문에서 사용합니다.

Step 1 빈칸을 알맞게 채워 문장을 완성해 보세요.

1 알파벳 노래를 불러 봅시다. (sing)

→ _____ _____ the alphabet song.

2 함께 두 노래를 불러 봅시다. (sing)

→ _____ _____ two songs together.

Step 2 우리말 뜻에 맞게 괄호 안의 단어를 알맞은 순서로 배열해 보세요.

1 공원에 갑시다. (to the park, let's, go)

→ _____.

2 집을 청소합시다. (clean, let's, the house)

→ _____.

Step 3 우리말 뜻에 맞게 주어진 단어를 사용해 문장을 만들어 보세요.

1 책을 읽어 봅시다. (read, a book)

→ _____.

2 달려 봅시다. (run)

→ _____.

UNIT 03 실과 The Hubble Space Telescope

Subject Words 빈칸에 들어갈 알맞은 단어를 쓰세요.

_____ 망원경

_____ 은하

_____ 우주

_____ 카메라

_____ 행성

_____ 발사하다

_____ 위성

_____ 과학자

More Words 우리말에 맞도록 빈칸에 들어갈 알맞은 말을 보기 에서 찾아 쓰세요.

보기 thanks to   weighs   pictures   large   discovering   learning

1 The telescope is very _____.

그 망원경은 매우 큽니다.

2 The telescope _____ 11,110 kg.

그 망원경은 무게가 11,110 킬로그램입니다.

3 The cameras take _____ of stars, planets, and galaxies.

카메라들은 별, 행성, 그리고 은하의 사진들을 찍습니다.

4 Scientists are _____ new things in space with the telescope.

과학자들은 그 망원경으로 우주에서 새로운 것들을 발견하고 있습니다.

5 Scientists are _____ a lot _____ the telescope.

과학자들은 그 망원경 덕분에 많이 배우고 있습니다.

현재신행 시세   ~늘 하고 있습니다

'~을 하고 있습니다'와 같이 현재 하고 있는 일을 표현할 때는 am, are, is와 같은 'be동사' 뒤에 '동사원형+ing'를 써서 나타냅니다. 우리는 이 표현을 '현재진행 시제'라고 합니다.

Step 1 빈칸을 알맞게 채워 문장을 완성해 보세요.

① 과학자들은 우주에서 새로운 것들을 발견하고 있습니다. (discover)

→ Scientists _____ _____ new things in space.

② 과학자들은 그 망원경 덕분에 많이 배우고 있습니다. (learn)

→ Scientists _____ _____ a lot thanks to the telescope.

Step 2 우리말 뜻에 맞게 괄호 안의 단어를 알맞은 순서로 배열해 보세요.

① 나는 케익을 먹고 있습니다. (eating, I, cake, am)

→ _____.

② 그들은 책을 읽고 있습니다. (are, they, books, reading)

→ _____.

Step 3 우리말 뜻에 맞게 주어진 단어를 사용해 문장을 만들어 보세요.

① 가수들이 노래를 부르고 있습니다. (the singers, sing, a song)

→ _____.

② Tom은 그의 숙제를 하고 있습니다. (Tom, his homework, do)

→ _____.

UNIT 04 사회 The Oldest Observatory in Asia

Subject Words 빈칸에 들어갈 알맞은 단어를 쓰세요.

_____ 천문대

_____ 돌

_____ 층

_____ 여왕

_____ 통치자

More Words 우리말에 맞도록 빈칸에 들어갈 알맞은 말을 보기 에서 찾아 쓰세요.

보기 national   during   represent   kingdom   above   treasure

1 People built Cheomseongdae _____ the Silla _____.
사람들은 첨성대를 산라왕국 동안에 지었습니다.

2 Cheomseongdae is now _____ _____ No. 31.
첨성대는 현재 국보 31호입니다.

3 There are 12 layers _____ the window.
창문 위에 12개의 층이 있습니다.

4 The 12 layers _____ 12 months in a year.
그 12개의 층은 일 년 열두 달을 나타냅니다.

There are ~   ~들이 있습니다

'There are' 다음에 둘 이상의 사람이나 사물을 나타내는 명사를 쓰면 '~들이 있습니다'라는 의미가 됩니다. 이때 there를 '그곳에'라고 해석하지 않는 것에 유의하세요.

Step 1 빈칸을 알맞게 채워 문장을 완성해 보세요.

① 그 천문대에는 몇몇의 숨겨진 숫자들이 있습니다.

→ _____ _____ some hidden numbers in the observatory.

② 창문 위에 12개의 층이 있습니다.

→ _____ _____ 12 layers above the window.

Step 2 우리말 뜻에 맞게 괄호 안의 단어를 알맞은 순서로 배열해 보세요.

① 공원에 아이들이 있습니다. (children, in the park, are, there)

→ _____.

② 정원에 나무들이 있습니다. (trees, there, in the garden, are)

→ _____.

Step 3 우리말 뜻에 맞게 주어진 단어를 사용해 문장을 만들어 보세요.

① 식탁 위에 컵들이 있습니다. (cups, on the table)

→ _____.

② 도서관에는 많은 책들이 있습니다. (in the library, many books)

→ _____.

UNIT 01 사회 Different Areas, Different Plants

Subject Words 빈칸에 들어갈 알맞은 단어를 쓰세요.

_____ 지역

_____ 산

_____ 땅

_____ 평야

_____ 강

_____ 식물

_____ (농)작물

More Words 우리말에 맞도록 빈칸에 들어갈 알맞은 말을 보기 에서 찾아 쓰세요.

| 보기 | flat | cooler | richer | grow | high | easily |

1 Farmers _____ different kinds of plants in different areas.
농부들은 다른 지역에 다른 식물들을 재배합니다.

2 Plains are large areas of _____ land around rivers.
평야는 강 주변에 있는 평평한 땅의 넓은 지역입니다.

3 Farmers can get water _____ from the rivers.
농부들은 강에서 물을 쉽게 얻을 수 있습니다.

4 The rivers make the land _____.
강은 땅을 더 비옥하게 만듭니다.

5 Mountains are _____ areas of land.
산은 땅의 높은 지역입니다.

6 Mountains are _____ than plains.
산은 평야보다 더 시원합니다.

형용사의 비교급 (~보다) 더 ~한

rich(비옥한), cool(시원한)과 같은 형용사에 -er을 붙이면 '(~보다) 더 ~한'이라는 뜻이에요. 이런 표현을 '형용사의 비교급'이라고 합니다.

참고 3음절이 넘는 긴 형용사는 앞에 more를 붙여 비교급을 나타냅니다.

Step 1 빈칸을 알맞게 채워 문장을 완성해 보세요.

1 강은 땅을 더 비옥하게 만듭니다. (rich)

→ The rivers make the land _____.

2 산은 평야보다 더 시원합니다. (cool)

→ Mountains are _____ than plains.

Step 2 우리말 뜻에 맞게 괄호 안의 단어를 알맞은 순서로 배열해 보세요.

1 우리는 더 작은 집으로 이사했습니다. (moved to, we, a smaller house)

→ _____.

2 Sunny 그녀의 여동생보다 더 유명합니다. (her sister, more famous, is, Sunny, than)

→ _____.

Step 3 우리말 뜻에 맞게 주어진 단어를 사용해 문장을 만들어 보세요.

1 그 아기는 더 크게 자랄 것입니다. (the baby, grow, big, will)

→ _____.

2 나의 엄마는 나의 아빠보다 나이가 더 많습니다. (my father, old, my mother, is, than)

→ _____.

UNIT 02 과학 Plants Make Their Own Food

Subject Words 빈칸에 들어갈 알맞은 단어를 쓰세요.

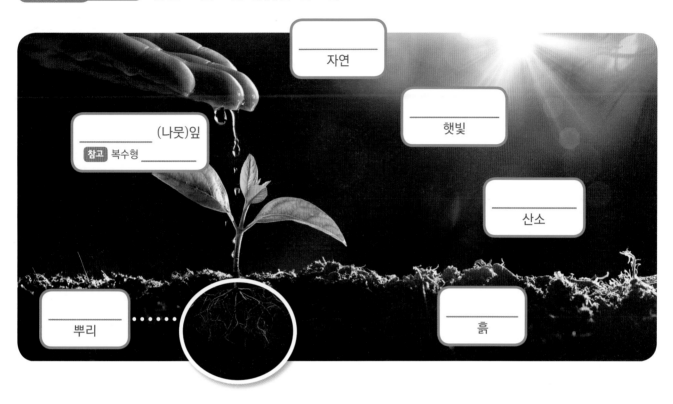

_____
자연

_____
햇빛

_____ (나뭇)잎
참고 복수형 _____

_____
산소

_____
뿌리

_____
흙

More Words 우리말에 맞도록 빈칸에 들어갈 알맞은 말을 보기 에서 찾아 쓰세요.

보기   energy   use   own   sugar   gas   chemical

1 Plants make their _____ food.

식물들은 그들 자신의 음식을 만듭니다.

2 Plants _____ three things in nature.

식물들은 자연에 있는 세 가지를 이용합니다.

3 Plants have a green _____.

식물들은 녹색의 화학물질을 가지고 있습니다.

4 Carbon dioxide is a _____ in the air.

이산화탄소는 공기 중에 있는 기체입니다.

5 The _____ gives plants _____.

당은 식물에게 에너지를 줍니다.

give A B   A에게 B를 줍니다

'A에게 B를 줍니다'라는 표현은 영어로 'give A B'라고 씁니다. give와 같이 '(누구에게 무엇을) 주다'라는 의미를 가지고 있는 동사를 우리는 '수여동사'라고 부릅니다.

Step 1 빈칸을 알맞게 채워 문장을 완성해 보세요.

1 당은 식물에게 에너지를 줍니다. (plants, energy)

→ The sugar _____ _____ _____.

2 식물은 우리에게 산소를 줍니다. (us, oxygen)

→ Plants _____ _____ _____.

Step 2 우리말 뜻에 맞게 괄호 안의 단어를 알맞은 순서로 배열해 보세요.

1 내가 당신에게 사탕을 주겠습니다. (give, I, a candy, you, will)

→ _____.

2 그녀는 그녀의 선생님께 꽃을 드렸습니다. (she, flowers, gave, her teacher)

→ _____.

Step 3 우리말 뜻에 맞게 주어진 단어를 사용해 문장을 만들어 보세요.

1 그가 나에게 이 책을 줬습니다. (this book, he, me)

→ _____.

2 우리 선생님이 우리에게 숙제를 주셨습니다. (our teacher, homework, us)

→ _____.

Subject Words 빈칸에 들어갈 알맞은 단어를 쓰세요.

_____
그리다

_____
수련

_____
그림

_____
화가

More Words 우리말에 맞도록 빈칸에 들어갈 알맞은 말을 보기 에서 찾아 쓰세요.

보기   loved   captured   pond   garden   inspired   beautiful

1 Monet had a _____ water _____ at his house.

모네는 그의 집에 아름다운 수공원을 가지고 있었습니다.

2 The painter _____ the garden.

화가는 그 정원을 대단히 좋아했습니다.

3 There were many water lilies on the _____.

그 연못에는 많은 수련이 있었습니다.

4 The water lilies _____ the painter.

수련은 화가에게 영감을 주었습니다.

5 The painter _____ the water lilies in the paintings.

화가는 그림에 수련을 포착했습니다.

more than ~   ~ 이상(의)

'~ 이상(의)'이라는 표현은 영어로 비교급의 표현을 써서 'more than ~'으로 나타냅니다. 반대로
'~미만(의)'이라는 표현은 'less than ~'으로 나타냅니다.

Step 1 빈칸을 알맞게 채워 문장을 완성해 보세요.

① 모네는 30년 이상 수련을 그렸습니다.

→ Monet painted water lilies for _____ _____ 30 years.

② 200점 이상의 수련 그림들이 있습니다.

→ There are _____ _____ 200 water lily paintings.

Step 2 우리말 뜻에 맞게 괄호 안의 단어를 알맞은 순서로 배열해 보세요.

① 300명 이상의 사람들이 마을에 삽니다. (300 people, more than, in the town, live)

→ _____.

② 나는 10권 미만의 책을 읽었습니다. (read, I, less than, 10 books)

→ _____.

Step 3 우리말 뜻에 맞게 주어진 단어를 사용해 문장을 만들어 보세요.

① 그는 12시간 이상 잠을 잤습니다. (slept, 12 hours, he, for)

→ _____.

② 그 지역에는 10개 이상의 높은 산이 있습니다. (10 high mountains, there, in the area, are)

→ _____.

Numbers in Nature

Subject Words 빈칸에 들어갈 알맞은 단어를 쓰세요.

_____ 규칙

$$4 + 3 = 7$$

_____ 더하다

_____ 합계

$$2 + 2 = \boxed{}$$

_____ 빈칸

_____ 추측하다

More Words 우리말에 맞도록 빈칸에 들어갈 알맞은 말을 보기에서 찾아 쓰세요.

보기   found   count   mathematician   outside   between   previous

1 Can you guess the number _____ 5 and 13?

당신은 5와 13 사이의 숫자를 추측할 수 있나요?

2 Each number is the sum of the _____ two numbers.

각 숫자는 이전의 두 숫자들의 합계입니다.

3 An Italian _____ _____ this rule.

한 이탈리아의 수학자가 이 규칙을 발견했습니다.

4 Let's go _____ and find some flowers.

바깥에 나가서 몇몇의 꽃들을 찾아봅시다.

5 Let's _____ the numbers of flower petals.

꽃잎의 숫자를 세어봅시다.

명령문 ~하세요, ~해라

'~하세요' 혹은 '~해라'와 같이 상대방에게 무엇을 하도록 시킬 때 쓰는 문장을 '명령문'이라고 합니다.
명령문은 보통 'You'라는 주어를 따로 쓰지 않고 동사원형으로 시작합니다.

Step 1 빈칸을 알맞게 채워 문장을 완성해 보세요.

1 아래 숫자들을 보세요. (look)

→ _____ at the numbers below.

2 빈칸 앞에 있는 두 숫자를 더하세요. (add)

→ _____ the two numbers before the blank.

Step 2 우리말 뜻에 맞게 괄호 안의 단어를 알맞은 순서로 배열해 보세요.

1 이 책을 읽으세요. (this, read, book)

→ _____.

2 일찍 자세요. (bed, to, early, go)

→ _____.

Step 3 우리말 뜻에 맞게 주어진 단어를 사용해 문장을 만들어 보세요.

1 당신의 책들을 가방에 넣으세요. (in the bag, your books, put)

→ _____.

2 하늘에 있는 별의 수를 세어보세요. (count, stars, in the sky, the number of)

→ _____.

We Live Together

Subject **Words** 빈칸에 들어갈 알맞은 단어를 쓰세요.

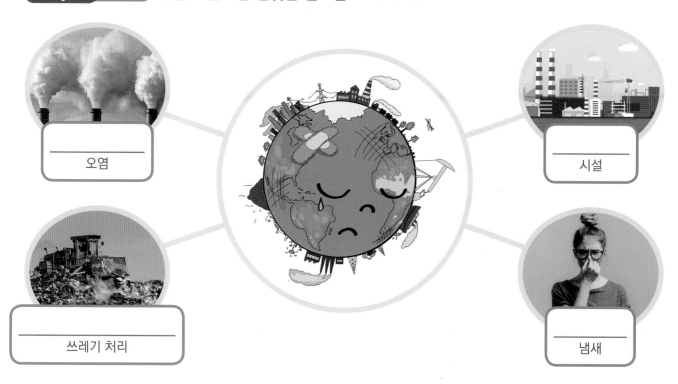

_____
오염

_____
시설

_____
쓰레기 처리

_____
냄새

More **Words** 우리말에 맞도록 빈칸에 들어갈 알맞은 말을 보기 에서 찾아 쓰세요.

보기   worry   selfish   Backyard   express   town   opinion

1 A waste treatment facility will open in Jiho's _____.
쓰레기 처리시설이 Jiho네 도시에 생길 것입니다.

2 Jiho's neighbors _____ about the bad smell.
Jiho의 이웃들은 안 좋은 냄새를 걱정합니다.

3 NIMBY means "Not in My _____."
님비는 "내 뒷마당에는 안 된다"를 의미합니다.

4 Some people think NIMBY is _____.
어떤 사람들은 님비를 이기적이라고 생각합니다.

5 Anyone can _____ their _____.
누구든 자신의 의견을 표현할 수 있습니다.

Some say ~   어떤 사람들은 ~라고 말합니다

'어떤 사람들은 ~라고 말합니다'는 영어로 'Some say ~'라고 표현할 수 있어요. 이때, 'some'은 some people(어떤 사람들)의 의미로 쓰입니다.

Step 1 빈칸을 알맞게 채워 문장을 완성해 보세요.

① 어떤 사람들은 님비가 나쁘다고 말합니다.

→ _____ _____ NIMBY is bad.

② 어떤 사람들은 님비가 나쁘지 않다고 말합니다.

→ _____ _____ NIMBY is not bad.

Step 2 우리말 뜻에 맞게 괄호 안의 단어를 알맞은 순서로 배열해 보세요.

① 어떤 사람들은 텔레비전이 나쁘다고 말합니다. (is, some, television, say, bad)

→ _____.

② 어떤 사람들은 그가 친절하다고 말합니다. (he, some, is, kind, say)

→ _____.

Step 3 우리말 뜻에 맞게 주어진 단어를 사용해 문장을 만들어 보세요.

① 어떤 사람들은 게임이 재미있다고 말합니다. (games, fun, are)

→ _____.

② 어떤 사람들은 그 책이 재미없다고 말합니다. (is, the book, not fun)

→ _____.

Food Chains and Food Webs

Subject Words 빈칸에 들어갈 알맞은 단어를 쓰세요.

_____ 생태계

_____ 새

_____ 먹이 그물

_____ 독수리

_____ 먹이 사슬

_____ 뱀

_____ 풀

_____ 메뚜기

_____ 개구리

More Words 우리말에 맞도록 빈칸에 들어갈 알맞은 말을 [보기]에서 찾아 쓰세요.

| 보기 | type | connected | web | eats | chain | like |

❶ The grasshopper _____ grass.

메뚜기는 풀을 먹습니다.

❷ They are _____ in a _____.

그들은 사슬로 연결되어 있습니다.

❸ One _____ of animal eats more than one plant or animal.

한 종류의 동물이 하나 이상의 식물이나 동물을 먹습니다.

❹ These food chains are connected _____ a _____.

이러한 먹이 사슬은 그물처럼 연결되어 있습니다.

call A B   A를 B라고 부릅니다[이름 짓습니다]

call은 '~을 부르다'라는 뜻의 동사입니다. call 다음에 명사(구) 두 개가 나란히 와서 'call A B'가 되면 'A를 B라고 부릅니다', 'A를 B라고 이름 짓습니다'라는 의미가 됩니다.

Step 1 빈칸을 알맞게 채워 문장을 완성해 보세요.

① 우리는 이것을 먹이 사슬이라고 부릅니다.

→ We _____ this a food chain.

② 우리는 이것을 먹이 그물이라고 부릅니다.

→ We _____ this a food web.

Step 2 우리말 뜻에 맞게 괄호 안의 단어를 알맞은 순서로 배열해 보세요.

① 나는 나의 개를 Max라고 부릅니다. (my dog, Max, call, I)

→ _____.

② 우리는 우리 아기를 Jim이라고 이름 지었습니다. (Jim, we, our baby, called)

→ _____.

Step 3 우리말 뜻에 맞게 주어진 단어를 사용해 문장을 만들어 보세요.

① 나의 부모님은 나를 Jane이라고 이름 지었습니다. (my parents, Jane, me)

→ _____.

② 사람들은 Tom을 꿀벌이라고 부릅니다. (people, a honey bee, Tom)

→ _____.

Good Relationships through Sports

Subject **Words** 빈칸에 들어갈 알맞은 단어를 쓰세요.

_____ 운동

_____ 축구

_____ 넘어지다
참고 과거형 _____

_____ ~와 경쟁하다

More **Words** 우리말에 맞도록 빈칸에 들어갈 알맞은 말을 보기 에서 찾아 쓰세요.

보기 helped   respect   work   teamwork   roles   trust

1 Jack's team learned how to _____ together.
Jack의 팀은 함께 일하는 방법을 배웠습니다.

2 Jack and his friends know their _____.
Jack과 친구들은 그들의 역할을 압니다.

3 Jack and his friends _____ each other.
Jack과 친구들은 서로를 믿습니다.

4 A friend _____ Jack up.
한 친구가 Jack이 일어나도록 도와주었습니다.

5 Jack and his friends learn _____ and _____ through sports.
Jack과 친구들은 운동을 통해 팀워크와 존중을 배웁니다.

how to + 동사원형   ~하는 방법

'how to + 동사원형'은 '~하는 방법'이라는 뜻의 명사구로, 주로 문장에서 목적어로 쓰입니다.

Step 1 빈칸을 알맞게 채워 문장을 완성해 보세요.

1 Jack의 팀은 함께 일하는 방법을 배웠습니다. (work)

→ Jack's team learned ＿＿＿＿＿ ＿＿＿＿＿ ＿＿＿＿＿ together.

2 그 팀들은 서로를 존중하는 방법을 배웠습니다. (respect)

→ The teams learned ＿＿＿＿＿ ＿＿＿＿＿ ＿＿＿＿＿ each other.

Step 2 우리말 뜻에 맞게 괄호 안의 단어를 알맞은 순서로 배열해 보세요.

1 나는 수영하는 방법을 배웠습니다. (I, how to, learned, swim)

→ ＿＿＿＿＿＿＿＿＿＿＿＿＿＿＿＿＿＿＿＿＿.

2 그는 기타 치는 방법을 모릅니다. (how to, know, play, he, the guitar, doesn't)

→ ＿＿＿＿＿＿＿＿＿＿＿＿＿＿＿＿＿＿＿＿＿.

Step 3 우리말 뜻에 맞게 주어진 단어를 사용해 문장을 만들어 보세요.

1 나는 카메라를 사용하는 방법을 압니다. (know, use, a camera, I)

→ ＿＿＿＿＿＿＿＿＿＿＿＿＿＿＿＿＿＿＿＿＿.

2 내 남동생은 자전거 타는 방법을 배웠습니다. (my brother, ride, a bike, learned)

→ ＿＿＿＿＿＿＿＿＿＿＿＿＿＿＿＿＿＿＿＿＿.

UNIT 04 수학 ×÷ Three Friends: Gram, Kilogram, and Ton

Subject Words 빈칸에 들어갈 알맞은 단어를 쓰세요.

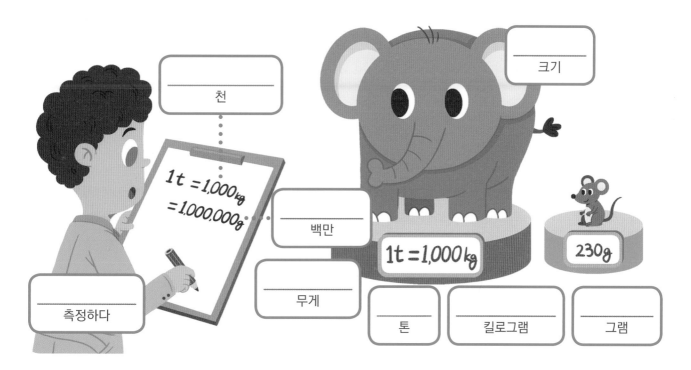

_____ 천

_____ 크기

$1t = 1,000 kg$
$= 1,000,000g$

_____ 백만

_____ 무게

_____ 측정하다

$1t = 1,000 kg$

$230g$

_____ 톤

_____ 킬로그램

_____ 그램

More Words 우리말에 맞도록 빈칸에 들어갈 알맞은 말을 보기 에서 찾아 쓰세요.

| 보기 | among | close | heavy | huge | items | light |

1 These three friends have a _____ relationship.
이 세 친구는 가까운 관계입니다.

2 They all represent weight of _____.
그들은 모두 물품들의 무게를 나타냅니다.

3 The gram is the smallest _____ the three friends.
그램은 세 친구 중에서 가장 작습니다.

4 We measure _____ items in grams.
우리는 가벼운 물품을 그램으로 측정합니다.

5 We measure _____ items in kilograms.
우리는 무거운 물품을 킬로그램으로 측정합니다.

6 We measure _____ items in tons.
우리는 거대한 물품을 톤으로 측정합니다.

배수사 + 비교급   ~보다 몇 배 더 ~한

영어로 배수를 표현할 때 2배는 'twice'라고 쓰고, 3배부터는 '숫자(기수) times'라고 씁니다. 이런 배수 표현을 배수사라고 합니다. 배수사 다음에 비교급을 붙여 쓰면 '~보다 몇 배 더 ~한'이라는 뜻이에요.

Step 1 빈칸을 알맞게 채워 문장을 완성해 보세요.

① 1킬로그램은 1그램보다 천 배 더 큽니다. (a thousand)

→ A kilogram is _____ _____ _____ bigger than a gram.

② 1톤은 1그램보다 백만 배 더 큽니다. (a million)

→ A ton is _____ _____ _____ bigger than a gram.

Step 2 우리말 뜻에 맞게 괄호 안의 단어를 알맞은 순서로 배열해 보세요.

① 그것은 그녀보다 다섯 배 더 큽니다. (five times, it, than, her, is, bigger)

→ _____.

② 이 행성은 지구보다 열 배 더 큽니다. (this planet, the earth, ten times, larger, is, than)

→ _____.

Step 3 우리말 뜻에 맞게 주어진 단어를 사용해 문장을 만들어 보세요.

① 10은 2보다 다섯 배 더 큽니다. (bigger, 2, is, 10, than)

→ _____.

② Henry는 Chris보다 세 배 더 무겁습니다. (heavier, Henry, Chris, is, than)

→ _____.

초등영어

리딩이 된다

Jump 1

STUDENT BOOK 정답 및 해설

UNIT 01 과학 **Changing Stars** 변화하는 별들

Subject Words QR코드를 이용하여 단어를 듣고 따라 읽어보세요.

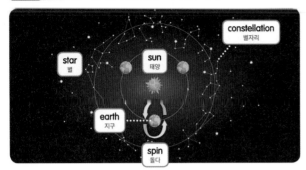

More Words QR코드를 이용하여 단어와 예문을 듣고 따라 읽어보세요.

The cup has a flower pattern.
그 컵은 꽃무늬가 있습니다.

They are wearing the same clothes.
그들은 같은 옷을 입고 있습니다.

Winter changes to spring.
겨울은 봄으로 변합니다.

Korea has four seasons.
한국에는 사계절이 있습니다.

A cat is behind the door.
고양이 한 마리가 문 뒤에 있습니다.

People have different eye colors.
사람들은 다른 눈동자 색을 가지고 있습니다.

12

Vocabulary Check

Subject Words 그림과 뜻을 보고 알맞은 단어를 쓰세요.

① 지구
earth

② 별
star

③ 별자리
constellation

④ 태양
sun

⑤ 돌다
spin

More Words 우리말에 맞는 문장이 되도록 알맞은 단어를 고르세요.

① 고양이 한 마리가 문 뒤에 있습니다.   A cat is under /(behind) the door.

② 겨울은 봄으로 변합니다.   Winter (changes)/ chooses to spring.

③ 그 컵은 꽃무늬가 있습니다.   The cup has a flower (pattern)/ poet .

④ 그들은 같은 옷을 입고 있습니다.   They are wearing (the same)/ different clothes.

⑤ 사람들은 다른 눈동자 색을 가지고 있습니다.   People have the same /(different) eye colors.

⑥ 한국에는 사계절이 있습니다.   Korea has four seconds /(seasons).

지문을 듣고 따라 읽어보세요.

Changing Stars 변화하는 별들

Look at the sky at night.

We can see stars in the sky.

And we can see some patterns in the stars.

밤 하늘을 보세요.
우리는 하늘에 별들을 볼 수 있습니다.
그리고 우리는 그 별들에서 몇몇 무늬를 볼 수 있습니다.

Sagittarius 사수자리

Some patterns look like people.

Other patterns look like animals.

These patterns are constellations.

몇몇 무늬들은 사람들처럼 보입니다.
다른 무늬들은 동물들처럼 보입니다.
이 무늬들은 별자리입니다.

Leo 사자자리

🔵 Key Grammar   조동사 can

We can see stars in the sky.   우리는 하늘에서 별들을 볼 수 있습니다.

조동사 can은 '~할 수 있습니다'의 뜻으로 쓰이며, 뒤에는 항상 동사원형을 써야합니다. 반대로 '~할 수 없습니다' 는 can 뒤에 -not을 붙여 cannot 또는 줄여서 can't로 씁니다.

🔵 I can speak English. 나는 영어를 말할 수 있습니다.
   He can't(cannot) play the piano. 그는 피아노를 칠 수 없습니다.

14

우리는 항상 같은 별자리를 볼 수 없습니다.
그것들은 계절마다 바뀝니다.
왜 그럴까요?

We can't always see the same constellations.

They change from season to season.

Why?

The earth spins.

It also goes around the sun.

And some stars go behind the sun.

Then we can't see them from the earth.

So we see different constellations each season.

지구는 돕니다.
그것은 또한 태양 주위를 돕니다.
그리고 몇몇 별들은 태양 뒤로 갑니다.
그러면 우리는 지구에서 그 별들을 볼 수 없습니다.
그래서 우리는 계절마다 다른 별자리를 봅니다.

🐻 하늘의 나침반, 북극성

우리는 계절마다 하늘에서 볼 수 있는 별자리가 달라요. 하지만 언제나 같은 자리에서 볼 수 있는 별이 하나 있답니다. 바로 북극성(Polaris)이에요! 북극성은 북쪽 하늘의 작은곰자리의 꼬리 끝에 매달려 있는 밝은 별이에요. 이 별은 지구가 회전하는 자전축의 위쪽에 있기 때문에 거의 움직이지 않는 것처럼 보이죠. 그래서 옛날 사람들은 어두운 밤에도 북극성을 보고 길을 쉽게 찾았대요.

28

1 다음 질문의 답으로 가장 적절한 것을 골라 보세요.

ⓐ 이 글의 주제는 무엇인가요?
- ✓ patterns in the stars 별들에 있는 무늬들
- ❷ the earth and the sun 지구와 태양
- ❸ the change of seasons 계절의 변화

ⓑ 하늘에서 동물과 사람의 모양을 만드는 것은 무엇인가요?
- ✓ stars 별들
- ❷ the earth 지구
- ❸ the sun 태양

ⓒ 우리가 항상 같은 별자리를 볼 수 <u>없는</u> 이유는 무엇인가요?
- ❶ because stars don't have patterns
  별들은 무늬를 가지고 있지 않기 때문에
- ❷ because stars go around the earth and the sun
  별들이 지구와 태양 주위를 돌기 때문에
- ✓ because some stars go behind the sun as the earth moves
  몇몇 별들이 지구가 움직일 때 태양 뒤로 가기 때문에

2 다음 문장을 읽고 맞으면 T, 틀리면 F에 표시하세요.

❶ Some patterns in the stars look like animals. (T) F
별들에 있는 몇몇 무늬들은 동물들같이 보입니다.
❷ The sun goes around the earth. T (F)
태양은 지구 주위를 돕니다.
❸ We can see all the stars from the earth. T (F)
우리는 지구에서 모든 별들을 볼 수 있습니다.

3 다음 질문에 알맞은 답이 되도록 빈칸에 들어갈 말을 본문에서 찾아 써보세요.

별자리는 무엇인가요?
Q What are constellations?
A Constellations are ___patterns___ in the stars.
별자리는 별에 있는 무늬들입니다.

16

🔲 QR 찍고 힌트 보기 🔲

Brain Power

융미로운 미션을 풀고
코딩을 위한 사고력도 길러보세요!

🧠 **논리적 사고력** 아래 그래프에는 단어가 숨어 있습니다. 힌트를 참고하여 그래프에서 단어를 하나 찾고 뜻과 같이 써보세요.

힌트
(1,2), (5,4), (1,3), (3,5)
→ 단어: star 뜻: 별

(2,5), (1,1), (1,3), (4,5), (3,3), (5,1)
→ 단어: change 뜻: 변하다; 바꾸다

🧩 **절차적 사고력** 하늘에서 별똥별이 떨어지고 있습니다. 단서를 참고하여 별똥별로부터 마을을 지킬 수 있도록 별똥별과 방패를 알맞게 연결해보세요.

단서 그림을 나타내는 단어가 별똥별에 적힌 알파벳이 들어가는 단어이면 막을 수 없어요!

PATTERN   DIFFERENT   SPIN

🔲 **UNIT 02** 🎵

당신은 별에 관한 노래를 아나요?   네   아니요
Q Do you know any songs about stars?   Yes ☐   No ☐

Twinkle, Twinkle, Little Star
반짝, 반짝, 작은 별

Subject Words QR코드를 이용하여 단어를 듣고 따라 읽어보세요.

sound 소리, *들리다
melody 멜로디
hear 듣다 [참고] 과거형 heard
song 노래
sing 노래하다
composer 작곡가

More Words QR코드를 이용하여 단어와 예문을 듣고 따라 읽어보세요.

know 알다
She knows the man.
그녀는 그 남자를 압니다.

famous 유명한
She is a famous movie star.
그녀는 유명한 영화배우입니다.

folk 민속의
They play Korean folk songs.
그들은 한국 민속 노래를 연주합니다.

put 넣다; 놓다
The baby is putting things in the box.
아기가 물건들을 상자에 넣고 있습니다.

poem 시
This poem is about love.
이 시는 사랑에 관한 것입니다.

become ~이 되다 [참고] 과거형 became
I want to become a singer.
나는 가수가 되고 싶습니다.

18

Subject Words 그림과 뜻을 보고 알맞은 단어를 쓰세요.

❶ 작곡가 composer
❷ 듣다 hear
❸ 소리, *들리다 sound
❹ 멜로디 melody
❺ 노래하다 sing
❻ 노래 song

More Words 우리말에 맞는 문장이 되도록 알맞은 단어를 고르세요.

❶ 그녀는 그 남자를 압니다.
She (knows)/ thinks the man.

❷ 아기가 물건들을 상자에 넣고 있습니다.
The baby is (putting)/ hitting things in the box.

❸ 이 시는 사랑에 관한 것입니다.
This (poem)/ poet is about love.

❹ 그녀는 유명한 영화배우입니다.
She is a fast /(famous) movie star.

❺ 나는 가수가 되고 싶습니다.
I want to come /(become) a singer.

❻ 그들은 한국 민속 노래를 연주합니다.
They play Korean (folk)/ sound songs.

Twinkle, Twinkle, Little Star

반짝, 반짝, 작은 별

지문을 듣고 따라 읽어보세요.

노래를 듣고 읽으면 재미가 두 배!

"Twinkle, twinkle, little star …" "반짝, 반짝, 작은 별 …"

Do you know this song? 당신은 이 노래를 아나요?

Now let's sing the alphabet song. 이제 알파벳 노래를 불러봅시다.

"A, B, C, D, E, F, G …" "A, B, C, D, E, F, G …"

These two songs sound the same.

Do you know why?

It's because they have the same melody!

이 두 노래는 똑같이 들립니다.
왜 그런지 아나요?
그것은 그것들이 같은 멜로디를 가지고 있기 때문입니다!

Key Grammar | Let's + 동사원형

Let's sing the alphabet song. 알파벳 노래를 불러 봅시다.

'Let's + 동사원형'은 '~합시다'라는 뜻으로, 상대방에게 무언가를 제안하는 제안문에서 사용합니다.

ⓔ Let's go to the park. 공원에 갑시다.
Let's clean the house. 집을 청소합시다.

20

There was a famous Austrian composer.
한 유명한 오스트리아의 작곡가가 있었습니다.
His name was Mozart.
그의 이름은 모차르트였습니다.
He heard a French folk melody in Paris.
그는 파리에서 한 프랑스 민속 멜로디를 들었습니다.
He changed the melody a little.
그는 그 멜로디를 조금 바꿨습니다.

And a man put his poem to Mozart's melody.
그리고 한 남자가 모차르트의 멜로디에 그의 시를 넣었습니다.
It became "Twinkle, Twinkle, Little Star."
그것은 "반짝 반짝 작은 별"이 되었습니다.
Later, someone put the alphabet to the melody.
나중에, 누군가가 그 멜로디에 알파벳을 넣었습니다.
It became the alphabet song.
그것은 알파벳 노래가 되었습니다.

Now everyone knows these two songs.
이제 모두가 이 두 노래를 압니다.
Let's sing them together!
그것들을 함께 불러봅시다!

QR 찍고 힌트 보기

'반짝반짝 작은 별', 넌 어디에서 왔니?

'반짝반짝 작은 별'을 모르는 친구는 없죠? 이 노래는 프랑스 민요인 <아, 말씀드릴게요, 어머니>를 변주한 곡이에요. 이 민요는 한 남자에게 반한 소녀가 괴로운 마음을 어머니에게 고백하는 내용인데요. 모차르트가 이 곡을 변주했고, 변주한 곡에 한 영국 시인이 자신의 시 <The Star>의 앞부분을 붙여 지금의 '반짝반짝 작은 별'이 되었습니다.

Comprehension Check

1 다음 질문의 답으로 가장 적절한 것을 골라 보세요.

ⓐ 이 글의 주제는 무엇인가요?
① the alphabet song 알파벳 노래
② a famous Austrian poem 유명한 오스트리아의 시
✓③ two songs from one melody 한 멜로디에서 나온 두 노래

ⓑ 모차르트(Mozart)가 민속 멜로디를 처음 들은 곳은 어디였나요?
① in Austria 오스트리아에서 ✓② in Paris 파리에서 ③ in the U.S.A. 미국에서

ⓒ '반짝반짝 작은 별(Twinkle, Twinkle, Little Star)' 노래는 어떻게 만들어졌나요?
① French people made this song.
프랑스 사람들이 이 노래를 만들었습니다.
✓② A man put his poem to Mozart's melody.
한 남자가 모차르트의 멜로디에 그의 시를 넣었습니다.
③ Mozart put the alphabet to a folk melody.
모차르트가 민속 멜로디에 알파벳을 넣었습니다.

2 다음 문장을 읽고 맞으면 T, 틀리면 F에 표시하세요.

① Mozart was a famous composer from France.
모차르트는 프랑스에서 온 유명한 작곡가입니다. T / F
② Mozart changed a French folk melody a little.
모차르트는 프랑스 민속 멜로디를 조금 바꿨습니다. T / F
③ Someone put the alphabet to Mozart's melody.
누군가가 모차르트의 멜로디에 알파벳을 넣었습니다. T / F

3 다음 질문에 알맞은 답이 되도록 빈칸에 들어갈 말을 본문에서 찾아 써보세요.

왜 "반짝 반짝 작은 별"과 알파벳 노래는 똑같이 들리나요?
Q Why do "Twinkle, Twinkle, Little Star" and the alphabet song sound the same?

A It's because they have the ___same___ ___melody___.
그것은 그것들이 같은 멜로디를 가지고 있기 때문입니다.

22

QR 찍고 힌트 보기

Brain Power

흥미로운 미션을 풀고 코딩을 위한 사고력도 길러보세요!

추상화 사고력 | 알 수 없는 모양들이 그려진 쪽지가 발견되었습니다. 보기를 보고 모양들이 나타내는 암호를 해독하여 단어와 그 뜻을 써보세요.

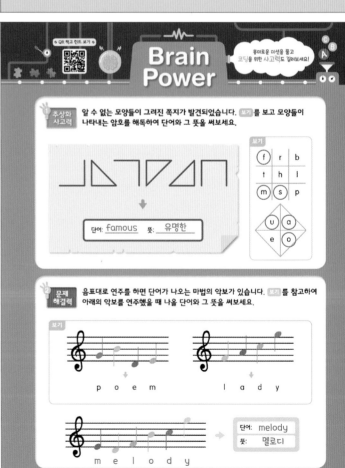

보기

f	r	b
t	h	l
m	s	p

u / a
e / o

↓

단어: famous 뜻: 유명한

문제 해결력 | 음표대로 연주를 하면 단어가 나오는 마법의 악보가 있습니다. 보기를 참고하여 아래의 악보를 연주했을 때 나올 단어와 그 뜻을 써보세요.

보기

p o e m

l a d y

→ 단어: melody 뜻: 멜로디

m e l o d y

30

UNIT 03 The Hubble Space Telescope
허블우주망원경

Subject Words QR코드를 이용하여 단어를 듣고 따라 읽어보세요.

space 우주
galaxy 은하
camera 카메라
telescope 망원경
planet 행성
launch 발사하다
satellite 위성
scientist 과학자

More Words QR코드를 이용하여 단어와 예문을 듣고 따라 읽어보세요.

large 큰
This TV is large.
이 텔레비전은 큽니다.

weigh 무게가 ~이다
The potatoes weigh 1 kg.
감자의 무게가 1 kg입니다.

take a picture 사진을 찍다
Mia is taking a picture of her dog.
Mia는 그녀의 개의 사진을 찍고 있습니다.

discover 발견하다
Scientists discover new things.
과학자들은 새로운 것들을 발견합니다.

learn 배우다; ~을 알게 되다
He learned the girl's name.
그는 그 소녀의 이름을 알게 되었습니다.

thanks to ~ 덕분에
We are happy thanks to our baby.
우리는 우리 아기 덕분에 행복합니다.

24

Vocabulary Check

Subject Words 그림과 뜻을 보고 알맞은 단어를 쓰세요.

1 우주
space

2 망원경
telescope

3 발사하다
launch

4 위성
satellite

5 은하
galaxy

6 행성
planet

7 카메라
camera

8 과학자
scientist

More Words 우리말에 맞는 문장이 되도록 알맞은 단어를 고르세요.

1 그는 그 소녀의 이름을 알게 되었습니다. He (learned)/ listened the girl's name.

2 이 텔레비전은 큽니다. This TV is small /(large).

3 Mia는 그녀의 개의 사진을 찍고 있습니다. Mia is (taking)/ making a picture of her dog.

4 감자의 무게가 1 kg입니다. The potatoes wait /(weigh) 1 kg.

5 우리는 우리 아기 덕분에 행복합니다. We are happy thanks /(thanks to) our baby.

6 과학자들은 새로운 것들을 발견합니다. Scientists (discover)/ cover new things.

Chapter 1 Stars 25

The Hubble Space Telescope 허블우주망원경

지문을 듣고 따라 읽어보세요.

This is the Hubble Space Telescope.
이것은 허블우주망원경입니다

Scientists launched it in 1990.
과학자들은 1990년에 그것을 발사했습니다.

It is still in space.
그것은 여전히 우주에 있습니다.

The telescope is very large.
그 망원경은 매우 큽니다.

It weighs 11,110 kg.
그것은 무게가 11,110 kg입니다.

And it is 13.2 m long.
그리고 그것은 길이가 13.2 m입니다.

The telescope goes around the earth.
그 망원경은 지구 주위를 돕니다.

It is a satellite.
그것은 인공위성입니다.

It travels about 8 km in a second.
그것은 1초에 약 8 km를 이동합니다.

The telescope has cameras.
They take pictures of stars, planets, and galaxies.
Scientists are discovering new things in space with the telescope.
They are learning a lot thanks to the telescope!
그 망원경은 카메라들을 가지고 있습니다.
그것들은 별, 행성, 은하의 사진을 찍습니다.
과학자들은 그 망원경으로 우주에 있는 새로운 것들을 발견하고 있습니다.
그들은 그 망원경 덕분에 많이 배우고 있습니다.

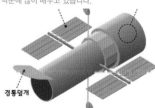

경통덮개

The Hubble Space Telescope 허블우주망원경

Key Grammar 현재진행 시제

Scientists are discovering new things in space. 과학자들은 우주에서 새로운 것들을 발견하고 있습니다.

'~을 하고 있습니다'와 같이 현재 하고 있는 일을 표현할 때는 am, are, is와 같은 'be동사' 뒤에 '동사원형+ing'를 써서 나타냅니다. 우리는 이 표현을 '현재진행 시제'라고 합니다.

I am eating cake. 나는 케익을 먹고 있습니다.
They are reading books. 그들은 책을 읽고 있습니다.

인간이 만든 눈이 하늘로 올라갔다 - 허블우주망원경

허블우주망원경은 1990년 인류가 우주로 보낸 우주망원경으로, 지구 대기권 밖에서 가동되는 우주 망원경들 중 가장 크고 유명한 망원경이에요. 처음 허블우주망원경의 수명은 15년으로 계획되었어요. 하지만 미국항공우주국(NASA)에서 이 망원경을 여러 차례 수리한 끝에 수명을 늘렸답니다. 지금도 허블우주망원경은 태양계 밖의 외계 행성을 관측하는 등 활발하게 활동하고 있어요!

26

Chapter 1 Stars 27

1 다음 질문의 답으로 가장 적절한 것을 골라 보세요.

ⓐ 이 글의 주제는 무엇인가요?
1. a new satellite 새로운 인공위성
2. new things in space 우주의 새로운 것들
☑ a large space telescope 큰 우주 망원경

ⓑ 허블우주망원경(The Hubble Space Telescope)은 언제 발사되었나요?
1. in 1980 1980년에 ☑ in 1990 1990년에 3. in 2010 2010년에

ⓒ 허블우주망원경(The Hubble Space Telescope)이 하는 일은 무엇인가요?
1. It launches cameras.
   그것은 카메라들을 발사합니다.
2. It goes around the sun.
   그것은 태양 주위를 돕니다.
☑ It takes pictures of stars.
   그것은 별들의 사진을 찍습니다.

2 다음 문장을 읽고 맞으면 T, 틀리면 F에 표시하세요.

1. Scientists launched the Hubble Space Telescope.
   과학자들이 허블우주망원경을 발사했습니다. Ⓣ Ⓕ
2. The Hubble Space Telescope is 3.2 m long.
   허블우주망원경은 길이가 3.2 m입니다. Ⓣ Ⓕ
3. The Hubble Space Telescope has cameras.
   허블우주망원경은 카메라들을 가지고 있습니다. Ⓣ Ⓕ

3 다음 질문에 알맞은 답이 되도록 빈칸에 들어갈 말을 본문에서 찾아 써보세요.

과학자들은 허블우주망원경으로 무엇을 하고 있나요?
Q What are scientists doing with the Hubble Space Telescope?

A They __are__ __discovering__ new things in space with it.
  그들은 그것으로 우주에 있는 새로운 것들을 발견하고 있습니다.

28

Brain Power

흥미로운 미션을 풀고 코딩을 위한 사고력도 길러보세요!

절차적 사고력 알파벳 카드를 하나씩 가지고 있는 다섯 명의 친구들이 알파벳으로 단어를 하나 만들고 있어요. 단서를 읽고 친구들이 받는 난서와 뜻을 써보세요.

단서
- 나와 사이에는 두 사람이 서 있어.
- 내 바로 오른쪽에는 가 서 있어.
- 내 왼쪽에는 아무도 서 있지 않아.

단어: LARGE
뜻: 큰

문제 해결력 우주망원경의 서버에 접속하려면 암호가 필요해요. 단서를 참고해서 알맞은 암호를 입력하세요.

단서 The Hubble Space Telescope에 관한 알맞은 정보의 번호가 있는 칸을 전부 색칠해봐!

허블우주망원경은 …
The Hubble Space Telescope …
1. weighs 11,110 kg. O
   무게가 11,110 kg입니다.
2. goes around the moon. X
   달 주위를 돕니다.
3. has cameras. O
   카메라들을 가지고 있습니다.
4. is 13.2 m long. O
   길이가 13.2 m입니다.
5. travels about 8 km in an hour. X
   1시간에 약 8 km를 이동합니다.

암호 S T A R 접속

Q Have you visited Gyeongju before? Yes ☐ No ☐
전에 경주에 가본 적이 있나요? 네 아니요

UNIT 04 · 사회
The Oldest Observatory in Asia
아시아에서 가장 오래된 천문대

Subject Words QR코드를 이용하여 단어를 듣고 따라 읽어보세요.

observatory 천문대
stone 돌
layer 층
queen 여왕
ruler 통치자

More Words QR코드를 이용하여 단어와 예문을 듣고 따라 읽어보세요.

during ~동안
We see many flowers during spring.
우리는 봄 동안 많은 꽃들을 봅니다.

kingdom 왕국
He is the king of the kingdom.
그는 그 왕국의 왕입니다.

national 국가의
Chuseok is a national holiday.
추석은 국가의 공휴일입니다.

treasure 보물
This is a treasure box.
이것은 보물 상자입니다.

above ~보다 위로
A bird is flying above trees.
새 한 마리가 나무 위를 날고 있습니다.

represent 나타내다
It represents our country.
그것은 우리나라를 나타냅니다.

30

Vocabulary Check

Subject Words 그림과 뜻을 보고 알맞은 단어를 쓰세요.

1. 천문대 — observatory
2. 돌 — stone
3. 층 — layer
4. 여왕 — queen
5. 통치자 — ruler

More Words 우리말에 맞는 문장이 되도록 알맞은 단어를 고르세요.

1. 이것은 보물 상자입니다. This is a tree / (treasure) box.
2. 추석은 국가의 공휴일입니다. Chuseok is a (national) / normal holiday.
3. 그는 그 왕국의 왕입니다. He is the king of the (kingdom) / government.
4. 새 한 마리가 나무 위를 날고 있습니다. A bird is flying (above) / about trees.
5. 그것은 우리나라를 나타냅니다. It (represents) / invents our country.
6. 우리는 봄 동안 많은 꽃들을 봅니다. We see many flowers with / (during) spring.

32

아시아에서 가장 오래된 천문대

The Oldest Observatory in Asia

Do you know about Cheomseongdae?
It is the oldest observatory in Asia.
People built it during the Silla kingdom.
They looked at the stars in this observatory.
It is now National Treasure No. 31 of Korea.

첨성대를 아시나요?
그것은 아시아에서 가장 오래된 천문대입니다.
사람들은 신라 왕조 동안 그것을 지었습니다.
그들은 이 천문대에서 별들을 보았습니다.
그것은 현재 한국의 국보 31호입니다.

Key Grammar　There are ~

There are some hidden numbers in the observatory.
그 천문대에는 몇몇의 숨겨진 숫자가 있습니다.

'There are' 다음에 둘 이상의 사람이나 사물을 나타내는 명사를 쓰면 '~들이 있습니다'라는 의미가 됩니다.
이때 there을 '그곳에'라고 해석하지 않는 것에 유의하세요.

○ There are children in the park. 공원에 아이들이 있습니다.
　There are trees in the garden. 정원에 나무들이 있습니다.

32

There are **some hidden numbers** in the observatory.
그 천문대에는 몇몇의 숨겨진 숫자들이 있습니다.

The observatory has a window.
그 천문대는 창문이 있습니다.
There are **12 layers** above the window.
창문 위로는 12개의 층이 있습니다.
They represent the **12 months** in a year.
그것들은 일년에 12달을 나타냅니다.

There are **27 stone layers** in all.
This number represents Queen Seondeok.
She was the **27th ruler** of the Silla kingdom.

총 27개의 돌 층이 있습니다.
이 숫자는 선덕여왕을 나타냅니다.
그녀는 신라 왕조의 27번째 통치자였습니다.

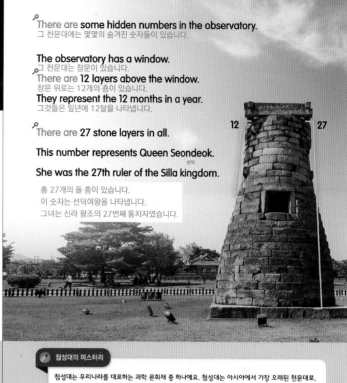

첨성대의 미스터리

첨성대는 우리나라를 대표하는 과학 문화재 중 하나예요. 첨성대는 아시아에서 가장 오래된 천문대로, 높이가 9.17미터라고 합니다. 농사를 잘 짓기 위해서는 날씨를 미리 예측할 수 있었어야 했는데, 별을 관찰함으로써 날씨의 변화를 예측할 수 있었대요. 하지만 첨성대에서 어떻게 별을 관찰했는지에 관한 기록은 전해지지 않아, 관측 방법은 여전히 미스터리로 남아 있답니다.

Comprehension Check

1 다음 질문의 답으로 가장 적절한 것을 골라 보세요.

ⓐ 이 글의 주제는 무엇인가요?
1 the oldest kingdom in Asia 아시아에서 가장 오래된 왕국
2 why people built Cheomseongdae 사람들이 첨성대를 지은 이유
✓ hidden numbers in an observatory 천문대에 숨겨진 숫자들

ⓑ 사람들은 첨성대에서 무엇을 했나요?
✓ People looked at the stars. 사람들은 별들을 보았습니다.
2 People looked at their ruler. 사람들은 그들의 통치자를 보았습니다.
3 People looked at the national treasure. 사람들은 국가의 보물을 보았습니다.

ⓒ 첨성대의 창문 위로 있는 12개의 층은 무엇을 의미하나요?
1 the 12 kings of Silla 신라의 12명의 왕
2 the 12 stars in the sky 하늘에 12개의 별
✓ the 12 months in a year 1년에 12달

2 다음 문장을 읽고 맞으면 T, 틀리면 F에 표시하세요.

1 Cheomseongdae is the oldest observatory in Asia. (T) F
첨성대는 아시아에서 가장 오래된 천문대입니다.
2 Cheomseongdae is not a National Treasure of Korea. T (F)
첨성대는 한국의 국보가 아닙니다.
3 Cheomseongdae has 27 stone layers in all. (T) F
첨성대는 총 27개의 돌 층을 가지고 있습니다.

3 다음 질문에 알맞은 답이 되도록 빈칸에 들어갈 말을 본문에서 찾아 써보세요.

Q What do the 27 layers of Cheomseongdae mean? 첨성대의 27개의 층은 무엇을 의미하나요?
A This number represents the ___27th ruler___ of the Silla
kingdom, Queen Seondeok.
이 숫자는 신라 왕국의 27번째 통치자인 선덕여왕을 나타냅니다.

34

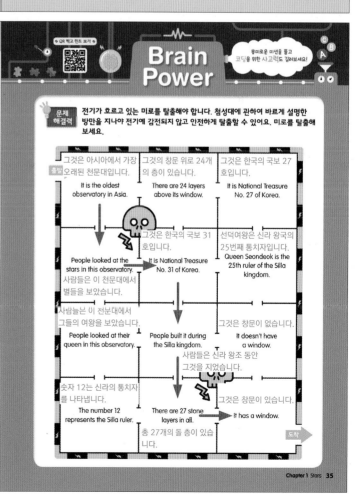

QR 찍고 힌트 보기

Brain Power

흥미로운 미션을 풀고
코딩을 위한 사고력도 길러보세요!

문제 해결력 전기가 흐르고 있는 미로를 탈출해야 합니다. 첨성대에 관하여 바르게 설명한 방만을 지나야 전기에 감전되지 않고 안전하게 탈출할 수 있어요. 미로를 탈출해 보세요.

33

Wrap UP!

Unit 01 보기 에서 알맞은 말을 골라 빈칸을 완성하세요.

보기 　different　　　behind　　　stars　　　earth

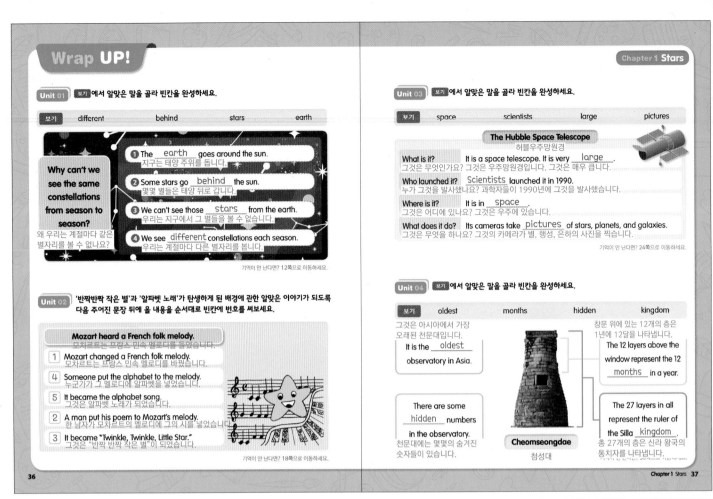

Why can't we see the same constellations from season to season?
왜 우리는 계절마다 같은 별자리를 볼 수 없나요?

❶ The ___earth___ goes around the sun.
지구는 태양 주위를 돕니다.

❷ Some stars go ___behind___ the sun.
몇몇 별들은 태양 뒤로 갑니다.

❸ We can't see those ___stars___ from the earth.
우리는 지구에서 그 별들을 볼 수 없습니다.

❹ We see ___different___ constellations each season.
우리는 계절마다 다른 별자리를 봅니다.

기억이 안 난다면? 12쪽으로 이동하세요.

Unit 02 '반짝반짝 작은 별'과 '알파벳 노래'가 탄생하게 된 배경에 관한 알맞은 이야기가 되도록 다음 주어진 문장 뒤에 올 내용을 순서대로 빈칸에 번호를 써보세요.

Mozart heard a French folk melody.
모차르트는 프랑스 민속 멜로디를 들었습니다.

1　Mozart changed a French folk melody.
　모차르트는 프랑스 민속 멜로디를 바꿨습니다.

4　Someone put the alphabet to the melody.
　누군가가 그 멜로디에 알파벳을 넣었습니다.

5　It became the alphabet song.
　그것은 알파벳 노래가 되었습니다.

2　A man put his poem to Mozart's melody.
　한 남자가 모차르트의 멜로디에 그의 시를 넣었습니다.

3　It became "Twinkle, Twinkle, Little Star."
　그것은 "반짝 반짝 작은 별"이 되었습니다.

기억이 안 난다면? 18쪽으로 이동하세요.

Unit 03 보기 에서 알맞은 말을 골라 빈칸을 완성하세요.

보기 　space　　　scientists　　　large　　　pictures

The Hubble Space Telescope
허블우주망원경

What is it? It is a space telescope. It is very ___large___.
그것은 무엇인가요? 그것은 우주망원경입니다. 그것은 매우 큽니다.

Who launched it? ___Scientists___ launched it in 1990.
누가 그것을 발사했나요? 과학자들이 1990년에 그것을 발사했습니다.

Where is it? It is in ___space___.
그것은 어디에 있나요? 그것은 우주에 있습니다.

What does it do? Its cameras take ___pictures___ of stars, planets, and galaxies.
그것은 무엇을 하나요? 그것의 카메라는 별, 행성, 은하의 사진을 찍습니다.

기억이 안 난다면? 24쪽으로 이동하세요.

Unit 04 보기 에서 알맞은 말을 골라 빈칸을 완성하세요.

보기 　oldest　　　months　　　hidden　　　kingdom

그것은 아시아에서 가장 오래된 천문대입니다.
It is the ___oldest___ observatory in Asia.

창문 위에 있는 12개의 층은 1년에 12달을 나타냅니다.
The 12 layers above the window represent the 12 ___months___ in a year.

There are some ___hidden___ numbers in the observatory.
천문대에는 몇몇의 숨겨진 숫자들이 있습니다.

The 27 layers in all represent the ruler of the Silla ___kingdom___.
총 27개의 층은 신라 왕국의 통치자를 나타냅니다.

Cheomseongdae
첨성대

쉬어가기 물음표에 들어갈 모양으로 알맞은 것을 골라보세요.

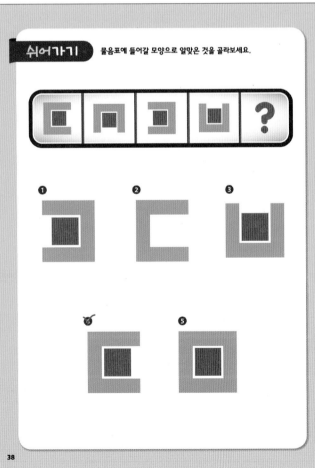

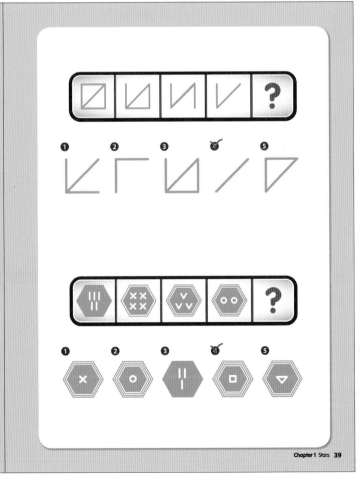

UNIT 01 사회

Different Areas, Different Plants
다른 지역, 다른 식물

Subject Words QR코드를 이용하여 단어를 듣고 따라 읽어보세요.

- area 지역
- mountain 산
- land 땅
- plain 평야
- river 강
- plant 식물
- crop (농)작물

More Words QR코드를 이용하여 단어와 예문을 듣고 따라 읽어보세요.

grow 자라다; *재배하다
I grow some plants.
나는 몇몇 식물들을 키웁니다.

flat 평평한
The earth is not flat.
지구는 평평하지 않습니다.

easily 쉽게
I can make cookies easily.
나는 쿠키를 쉽게 만들 수 있습니다.

rich 부유한; *비옥한
The land is very rich.
그 땅은 매우 비옥합니다.

high 높은
There are high mountains.
높은 산들이 있습니다.

cool 시원한
The water is very cool.
물이 매우 시원합니다.

42

Vocabulary Check

Subject Words 그림과 뜻을 보고 알맞은 단어를 쓰세요.

① 지역 — area
② 평야 — plain
③ 산 — mountain
④ 땅 — land

⑤ 강 — river
⑥ 식물 — plant
⑦ (농)작물 — crop

More Words 우리말에 맞는 문장이 되도록 알맞은 단어를 고르세요.

① 지구는 평평하지 않습니다. — The earth is not high /(flat).
② 물이 매우 시원합니다. — The water is very (cool)/ hot .
③ 그 땅은 매우 비옥합니다. — The land is very (rich)/ large .
④ 나는 몇몇 식물들을 키웁니다. — I know /(grow) some plants.
⑤ 높은 산들이 있습니다. — There are (high)/ flat mountains.
⑥ 나는 쿠키를 쉽게 만들 수 있습니다. — I can make cookies (easily)/ quickly .

지문을 듣고 따라 읽어보세요.

다른 지역, 다른 식물

Different Areas, Different Plants

Farmers grow different kinds of plants in different areas.
농부들은 다른 지역에서 다른 종류의 식물들을 재배합니다.

Plains are large areas of flat land around rivers.
Farmers can get water easily from the rivers.
The rivers make the land richer.

평야는 강 주변에 있는 평평한 땅의 큰 지역입니다.
농부들은 강으로부터 물을 쉽게 얻을 수 있습니다.
강은 땅을 더 비옥하게 만듭니다.

Farmers grow a lot of crops in the plains.
We can see rice, wheat, and other crops there.

농부들은 평야에서 많은 농작물을 재배합니다.
우리는 그곳에서 쌀, 밀, 그리고 다른 농작물을 볼 수 있습니다.

wheat 밀

Key Grammar 형용사의 비교급

The rivers make the land richer. 강은 땅을 더 비옥하게 만듭니다.

rich(비옥한), cool(시원한)과 같은 형용사에 -er을 붙이면 '(~보다) 더 ~한'이라는 뜻이에요. 이런 표현을 '형용사의 비교급'이라고 합니다. [참고] 3음절이 넘는 긴 형용사는 앞에 more를 붙여 비교급을 나타냅니다.

◎ We moved to a smaller house. 우리는 더 작은 집으로 이사했습니다.
Sunny is more famous than her sister. Sunny는 그녀의 여동생보다 더 유명합니다.

44

How about in mountain areas?
산지 지역은 어떨까요?

Mountains are high areas of land.
산은 땅의 높은 지역입니다.

They are cooler than plains.
그것들은 평야보다 더 시원합니다.

Farmers can't get water easily there.
농부들은 거기서 물을 쉽게 얻을 수 없습니다.

corn 옥수수

But farmers grow some crops in the mountains too.
We can see corn, potatoes, and other crops there.

하지만 농부들은 산에서도 몇몇 농작물을 재배합니다.
우리는 그곳에서 옥수수, 감자, 그리고 다른 농작물을 볼 수 있습니다.

potatoes 감자

추운 남극에서도 식물이 자랄 수 있을까요?

남극 대륙은 세계에서 가장 추운 지역이에요. 전체 면적의 무려 98%가 얼음으로 덮여있어요. 과연 이곳에서도 식물들이 자랄 수 있을까요? 정답은 '그렇다'예요! 아주 추운 남극 대륙에서 자라는 식물은 바로 '이끼'입니다. 이끼는 땅 가까이에서 낮게 자라기 때문에 추위나 바람에 열을 빼앗기지 않고 온도를 유지할 수 있다고 해요. 정말 강인한 생명력을 가진 식물이죠?

35

1 다음 질문의 답으로 가장 적절한 것을 골라 보세요.

ⓐ 이 글의 주제는 무엇인가요?

① good land for growing crops 농작물을 재배하는 데 좋은 땅

✓② crops in plains and mountains 평야와 산지에 있는 농작물

③ kinds of plants in mountain areas 산지 지역에 있는 식물의 종류

ⓑ 농부들이 평야 지역에서 많은 농작물을 기를 수 있는 이유는 무엇인가요?

① because many people live there 많은 사람들이 그곳에 살기 때문에

✓② because the rivers make the land richer 강이 땅을 더 비옥하게 만들기 때문에

③ because plains are larger than mountains 평야가 산지보다 더 크기 때문에

ⓒ 산지 지역에서 잘 자라는 식물은 무엇인가요?

✓① potatoes 감자   ② wheat 밀   ③ rice 쌀

2 다음 문장을 읽고 맞으면 T, 틀리면 F에 표시하세요.

① We can see rice and wheat in the plains.
우리는 평야에서 쌀과 밀을 볼 수 있습니다. Ⓣ Ⓕ

② Plains are higher and cooler than mountains.
평야는 산지보다 더 높고 더 시원합니다. Ⓣ Ⓕ

③ Farmers can get water easily in mountain areas.
농부들은 산지 지역에서 물을 쉽게 얻을 수 있습니다. Ⓣ Ⓕ

3 다음 질문에 알맞은 답이 되도록 빈칸에 들어갈 말을 본문에서 찾아 써보세요.

우리는 어떻게 많은 종류의 농작물을 얻나요?

Q How do we get many kinds of crops?

A Farmers grow different kinds of plants in __different__ __areas__ .
농부들은 다른 지역에서 다른 종류의 식물을 재배합니다.

46

Brain Power

흥미로운 미션을 풀고
코딩을 위한 사고력도 길러보세요!

절차적 사고력 두 개의 로봇이 각각 방향 명령어를 따라 움직여 도형을 만듭니다. 도형 안의 알파벳을 조합하여 단어를 만들고, 그 단어를 이용하여 아래 문장을 완성해 보세요.

힌트 로봇들이 만드는 도형이 겹칠 수 있으니 다른 색의 색연필로 도형을 그려보세요!

n	l	p	a	w	f
p	s	n	u	v	m
o	t	o	a	l	e
z	m	v	i	a	h
k	d	s	n	p	v
b	e	w	o	h	c

Mountains are cooler than plains .
산지는 평야보다 더 시원합니다.

식물들은 자라기 위해 무엇이 필요한가요?
Q What do plants need to grow?

Plants Make Their Own Food
식물들은 그들 자신의 영양분을 만듭니다

Subject Words QR코드를 이용하여 단어를 듣고 따라 읽어보세요.

nature 자연
sunlight 햇빛
oxygen 산소
leaf (나뭇)잎 [복수형] 복수형 leaves
root 뿌리
soil 흙

More Words QR코드를 이용하여 단어와 예문을 듣고 따라 읽어보세요.

own ~자신의
We want our own house.
우리는 우리 자신의 집을 원합니다.

use 이용하다
We use water every day.
우리는 매일 물을 이용합니다.

chemical 화학물질
The scientist tests chemicals.
그 과학자는 화학물질을 실험합니다.

gas 기체
Water becomes a gas at 100°C.
물은 섭씨 100도에서 기체가 됩니다.

sugar 설탕, *당
These juices have no sugar.
이 주스들에는 당이 없습니다.

energy 에너지
Children have so much energy.
아이들은 매우 많은 에너지를 가졌습니다.

48

Subject Words 그림과 뜻을 보고 알맞은 단어를 쓰세요.

① (나뭇)잎 — leaf

② 뿌리 — root

③ 자연 — nature

④ 햇빛 — sunlight

⑤ 산소 — oxygen

⑥ 흙 — soil

More Words 우리말에 맞는 문장이 되도록 알맞은 단어를 고르세요.

① 우리는 매일 물을 이용합니다. We put /(use) water every day.

② 우리는 우리 자신의 집을 원합니다. We want our (own)/ won house.

③ 이 주스들에는 당이 없습니다. These juices have no (sugar)/ wheat .

④ 그 과학자는 화학물질을 실험합니다. The scientist tests (chemicals)/ telescopes .

⑤ 아이들은 매우 많은 에너지를 가졌습니다. Children have so much galaxy /(energy).

⑥ 물은 섭씨 100도에서 기체가 됩니다. Water becomes a(n) (gas)/ oxygen at 100°C.

36

Plants Make
Their Own Food
식물들은 그들 자신의 영양분을 만듭니다

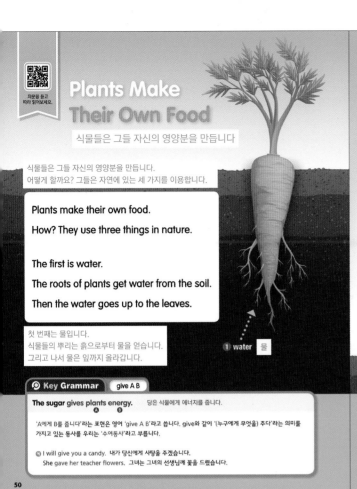

식물들은 그들 자신의 영양분을 만듭니다.
어떻게 할까요? 그들은 자연에 있는 세 가지를 이용합니다.

Plants make their own food.

How? They use three things in nature.

The first is water.

The roots of plants get water from the soil.

Then the water goes up to the leaves.

첫 번째는 물입니다.
식물들의 뿌리는 흙으로부터 물을 얻습니다.
그리고 나서 물은 잎까지 올라갑니다.

① water 물

Key Grammar　give A B

The sugar gives plants energy. 당은 식물에게 에너지를 줍니다.
　　　　　　　Ⓐ　　　Ⓑ

'A에게 B를 줍니다'라는 표현은 영어 'give A B'라고 씁니다. give와 같이 '(누구에게 무엇을) 주다'라는 의미를 가지고 있는 동사를 우리는 '수여동사'라고 부릅니다.

ℹ I will give you a candy. 내가 당신에게 사탕을 주겠습니다.
　She gave her teacher flowers. 그녀는 그녀의 선생님께 꽃을 드렸습니다.

50

The second is sunlight.

Plants have a green chemical.

It gets light from the sun.

The third is *carbon dioxide.

It is a gas in the air.

Plants get the gas through their leaves.

*carbon dioxide 이산화탄소

두 번째는 햇빛입니다.
식물들은 초록색 화학물질을 가지고 있습니다.
그것은 태양으로부터 빛을 얻습니다.

세 번째는 이산화탄소입니다.
그것은 공기 중에 있는 기체입니다.
식물들은 그들의 잎을 통해 그 기체를 얻습니다.

② sunlight 햇빛

oxygen 산소

Plants change these three things

into sugar and oxygen.

The sugar gives plants energy.

And plants give us oxygen.

이산화탄소
③ cabon dioxide

식물들은 이 세 가지를 당과 산소로 바꿉니다.
당은 식물들에게 에너지를 줍니다.
그리고 식물들은 우리에게 산소를 줍니다.

내 밥은 내가 만든다!

식물도 동물처럼 살아 있는 생물이에요. 하지만 식물은 동물과 영양분을 얻는 방법이 달라요. 동물은 다른 생물을 먹고 살지만, 식물은 광합성을 해서 스스로 영양분을 만든답니다. 식물은 뿌리를 통해 물과 양분을 섭취하고, 잎으로 햇빛을 받아 영양분과 산소를 만들어요. 이렇게 스스로 만든 영양분을 먹으며 식물은 날마다 열심히 자란답니다.

Comprehension Check

1 다음 질문의 답으로 가장 적절한 것을 골라 보세요.

ⓐ 이 글의 주제는 무엇인가요?
　① a green chemical in plants 식물들 안에 있는 초록색 화학물질
　② sugar and oxygen in plants 식물들 안에 있는 당과 산소
　✓ how plants make their own food 식물들이 그들 자신의 영양분을 만드는 방법

ⓑ 식물은 어느 부분으로부터 물을 얻나요?
　① leaves 잎　　✓ roots 뿌리　　③ flowers 꽃

ⓒ 식물들은 물, 이산화탄소, 햇빛으로 무엇을 하나요?
　① Plants change them into a green chemical.
　　식물들은 그것들을 초록색 화학물질로 바꿉니다.
　✓ Plants change them into sugar and oxygen.
　　식물들은 그것들을 당과 산소로 바꿉니다.
　③ Plants get water and sunlight and give us carbon dioxide.
　　식물들은 물과 햇빛을 얻고 우리에게 이산화탄소를 줍니다.

2 다음 문장을 읽고 맞으면 T, 틀리면 F에 표시하세요.

① Water goes up to the leaves of plants.
　물은 식물들의 잎까지 올라갑니다.　　　Ⓣ Ⓕ
② Plants get oxygen through their leaves.
　식물들은 그들의 잎을 통해 산소를 얻습니다.　Ⓣ Ⓕ
③ A chemical in plants gets light from the sun.
　식물들 안에 있는 화학물질은 태양으로부터 빛을 얻습니다.　Ⓣ Ⓕ

3 다음 질문에 알맞은 답이 되도록 빈칸에 들어갈 말을 본문에서 찾아 써보세요.

식물들에게 필요한 세 가지는 무엇인가요?
Q What are the three things plants need?

A They are ___water___ , ___sunlight___ , and carbon dioxide.
그것들은 물, 햇빛, 그리고 이산화탄소입니다.

52

Brain Power

홍미로운 미션을 풀고
코딩을 위한 사고력도 길러보세요.

Ⓐ Ⓑ
▽

철차적 사고력 단서를 참고하여 ⓐ, ⓑ의 암호를 해독해 단어와 뜻을 써보세요. 그리고 그 단어를 이용하여 아래 그림의 빈칸을 알맞게 채워보세요.

단서 → nature ➜ 15, 2, 21, 22, 19, 6

ⓐ 24, 2, 21, 6, 19
단어: water
뜻: 물

ⓑ 20, 22, 8, 2, 19
단어: sugar
뜻: 설탕; 당

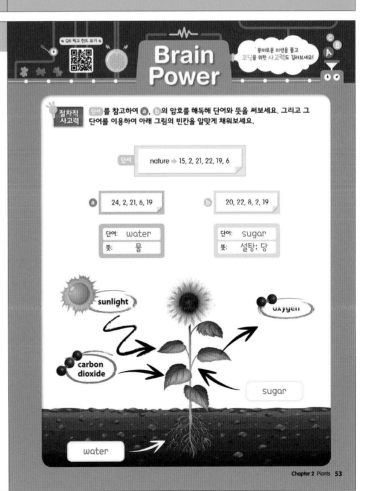

sunlight

oxygen

carbon dioxide

sugar

water

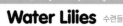

UNIT 03 미술 Water Lilies 수련들

Subject Words QR코드를 이용하여 단어를 듣고 따라 읽어보세요.

- paint 그리다
- water lily 수련
- painting 그림
- painter 화가

More Words QR코드를 이용하여 단어와 예문을 듣고 따라 읽어보세요.

beautiful 아름다운
I live in a beautiful house.
나는 아름다운 집에 살고 있습니다.

garden 정원
There are flowers in the garden.
정원에 꽃들이 있습니다.

pond 연못
There are many fish in the pond.
연못에 물고기들이 많이 있습니다.

love 사랑하다, *대단히 좋아하다
I love ice cream.
나는 아이스크림을 대단히 좋아합니다.

inspire 영감을 주다
Music inspires people.
음악은 사람들에게 영감을 줍니다.

capture 포착하다
We captured our smile.
우리는 우리의 미소를 포착했습니다.

54

Vocabulary Check

Subject Words 그림과 뜻을 보고 알맞은 단어를 쓰세요.

1 그리다 — paint

2 수련 — water lily

3 화가 — painter

4 그림 — painting

More Words 우리말에 맞는 문장이 되도록 알맞은 단어를 고르세요.

1 나는 아이스크림을 대단히 좋아합니다. I live /(love) ice cream.

2 정원에 꽃들이 있습니다. There are flowers in the (garden)/ pond .

3 음악은 사람들에게 영감을 줍니다. Music learns /(inspires) people.

4 나는 아름다운 집에 살고 있습니다. I live in a (beautiful)/ famous house.

5 연못에 물고기들이 많이 있습니다. There are many fish in the garden /(pond).

6 우리는 우리의 미소를 포착했습니다. We changed /(captured) our smile.

Water Lilies 수련들

자문을 듣고 따라 읽어보세요.

영상을 보고 싶으면 미래가 쏙쏙!

Claude Monet was a painter.
클로드 모네

He was from France.

He is famous for his paintings of water lilies.

He had a beautiful water garden at his house.

There were flowers, trees, and a pond in the garden.

The painter loved the garden.

클로드 모네는 화가입니다.
그는 프랑스 출신입니다.
그는 그의 수련 그림들로 유명합니다.

클로드 모네

그는 그의 집에 아름다운 수정원이 있었습니다.
그 정원에는 꽃, 나무, 그리고 연못이 있었습니다.
화가는 그 정원을 대단히 좋아했습니다.

⊙ Key Grammar　more than ~

Monet painted water lilies for more than 30 years. 모네는 30년 이상 수련을 그렸습니다.

'~ 이상(의)'이라는 표현은 영어로 비교급의 표현을 써서 'more than ~'으로 나타냅니다. 반대로 '~미만(의)'이라는 표현은 'less than ~'으로 나타냅니다.

ⓔ More than 300 people live in the town. 300명 이상의 사람들이 마을에 삽니다.
I read less than 10 books. 나는 10권 미만의 책을 읽었습니다.

56

There were many water lilies on the pond.

They inspired the painter.

So the painter captured them in the paintings.

그 연못에는 많은 수련이 있었습니다.
그것들은 화가에게 영감을 주었습니다.
그래서 화가는 그림에 그것들을 포착했습니다.

클로드 모네 <수련>

Monet painted many paintings of water lilies.

He painted water lilies for more than 30 years.

There are more than 200 water lily paintings!

모네는 많은 수련 그림들을 그렸습니다.
그는 30년 이상 수련을 그렸습니다.
200점 이상의 수련 그림들이 있습니다!

🌸 백내장도 막지 못한 모네의 열정

정원을 가꾸고 그림을 그리며 일생의 마지막 시기를 보냈던 클로드 모네(Claude Monet). 하지만 모네는 말년에 큰 시련을 마주했어요. 그의 눈이 백내장에 걸려 앞이 보이지 않게 되었죠. 눈앞이 점점 흐려져 더 이상 그림을 그릴 수 없다는 진단을 받았지만 이런 순간에도 모네는 그림 그리기를 포기하지 않았습니다. 모네는 자신의 눈에 들어온 왜곡된 색마저도 그림에 담아내기 위해 죽기 직전까지 붓을 놓지 않았답니다.

38

Comprehension Check

1 다음 질문의 답으로 가장 적절한 것을 골라 보세요.

ⓐ 이 글의 주제는 무엇인가요?
1 water lilies on a pond 연못 위의 수련들
2 a water garden in France 프랑스의 수공원
☑ Monet's famous paintings 모네의 유명한 그림들

ⓑ 클로드 모네(Claude Monet)는 무엇에 관한 그림으로 유명한가요?
☑ water lilies 수련들   2 the garden 정원   3 the pond 연못

ⓒ 클로드 모네(Claude Monet)에 관한 설명으로 알맞지 <u>않은</u> 것은 무엇인가요?
1 He was a painter from France.
그는 프랑스 출신의 화가입니다.
2 He had a water garden at his house.
그는 그의 집에 수공원이 있었습니다.
☑ He painted only one water lily painting.
그는 오직 하나의 수련 그림을 그렸습니다.

2 다음 문장을 읽고 맞으면 T, 틀리면 F에 표시하세요.

1 Monet didn't like his garden.
모네는 그의 정원을 좋아하지 않았습니다. (T / **F**)
2 Water lilies in the pond inspired Monet.
연못에 있는 수련은 모네에게 영감을 주었습니다. (**T** / F)
3 Monet painted water lilies for more than 30 years.
모네는 30년 이상 수련을 그렸습니다. (**T** / F)

3 다음 질문에 알맞은 답이 되도록 빈칸에 들어갈 말을 본문에서 찾아 써보세요.

모네는 얼마나 많은 수련 그림들을 그렸나요?
Q How many water lily paintings did Monet paint?
A Monet painted ____more____ ____than____ 200 water lily paintings.
모네는 200점 이상의 수련 그림들을 그렸습니다.

Brain Power

용미로운 미션을 풀고
코딩을 위한 사고력도 길러보세요!

절차적 사고력 다음 단어 카드들이 어떤 규칙에 따라 놓여 있어요. 예시 를 참고하여 주어진 7장의 카드로 빈칸을 채워가며 단어 하나를 완성해보세요.

규칙 ① 3~4장을 나란히 뽑는다. ② 뽑은 카드는 맨 앞이나 맨 뒤, 또는 카드와 사이에 나란히 둘 수 있다.

예시

T P A N I
N T P A I
P A I N T

단어 PAINT 뜻 그리다

N P I R E S I
R E S I N P I
I N R E S P I
I N S P I R E

→ 단어 INSPIRE 뜻 영감을 주다

문제 해결력 미로 안에 그림이 보관되어 있어요. 그림과 관련된 단어가 있는 길만 통과할 수 있을 때, 네 친구 중에서 그림에 도착하는 친구는 누구일까요?

UNIT 04

Numbers in Nature 자연 속 숫자들

Subject Words QR코드를 이용하여 단어를 듣고 따라 읽어보세요.

rule 규칙
$4 + 3 = 7$
add 더하다
sum 합계
$2 + 2 = \Box$
blank 빈칸
guess 추측하다

More Words QR코드를 이용하여 단어와 예문을 듣고 따라 읽어보세요.

between 사이에
B is between A and C.
B는 A와 C 사이에 있습니다.

previous 이전의
Go back to the previous page.
이전 페이지로 되돌아가세요.

mathematician 수학자
I want to be a mathematician.
나는 수학자가 되고 싶습니다.

find 찾다 과거형 found
The man found the treasure.
그 남자는 보물을 찾았습니다.

outside 바깥에
Children are playing soccer outside.
아이들이 밖에서 축구를 하고 있습니다.

count 세다
The girl is counting with her fingers.
소녀는 그녀의 손가락으로 수를 세고 있습니다.

Vocabulary Check

Subject Words 그림과 뜻을 보고 알맞은 단어를 쓰세요.

1 더하다 — add
2 빈칸 — blank
3 합계 — sum
4 규칙 — rule
5 추측하다 — guess

More Words 우리말에 맞는 문장이 되도록 알맞은 단어를 고르세요.

1 그 남자는 보물을 찾았습니다.
The man (**found** / learned) the treasure.

2 나는 수학자가 되고 싶습니다.
I want to be a (**mathematician** / composer).

3 이전 페이지로 되돌아가세요.
Go back to the (next / **previous**) page.

4 아이들이 밖에서 축구를 하고 있습니다.
Children are playing soccer (inside / **outside**).

5 B는 A와 C 사이에 있습니다.
B is (behind / **between**) A and C.

6 소녀는 그녀의 손가락으로 수를 세고 있습니다. The girl is (**counting** / painting) with her fingers.

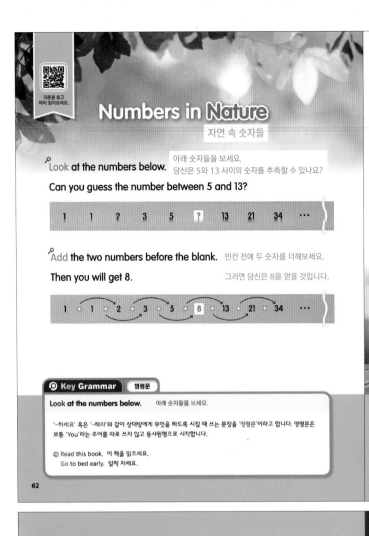

Numbers in Nature
자연 속 숫자들

🔍 Look at the numbers below. 아래 숫자들을 보세요.
당신은 5와 13 사이의 숫자를 추측할 수 있나요?
Can you guess the number between 5 and 13?

| 1 | 1 | 2 | 3 | 5 | ? | 13 | 21 | 34 | ... |

✏️ Add the two numbers before the blank. 빈칸 전에 두 숫자를 더해보세요.
Then you will get 8. 그러면 당신은 8을 얻을 것입니다.

| 1 → 1 → 2 → 3 → 5 → 8 → 13 → 21 → 34 | ... |

🔑 Key Grammar 명령문

Look at the numbers below. 아래 숫자들을 보세요.

'~하세요' 혹은 '~해라'와 같이 상대방에게 무엇을 하도록 시킬 때 쓰는 문장을 '명령문'이라고 합니다. 명령문은 보통 'You'라는 주어를 따로 쓰지 않고 동사원형으로 시작합니다.

▶ Read this book. 이 책을 읽으세요.
　Go to bed early. 일찍 자세요.

62

Each number is the sum of the previous two numbers.
각 숫자는 이전의 두 숫자들의 합계입니다.
An Italian mathematician found this rule.
한 이탈리아의 수학자가 이 규칙을 발견했습니다.
His name was Fibonacci.
그의 이름은 피보나치입니다.

We can find Fibonacci's rule in nature too.
우리는 피보나치의 규칙을 자연에서도 찾을 수 있습니다.
Let's go outside and find some flowers.
바깥에 나가서 몇몇 꽃들을 찾아봅시다.
Let's count the numbers of flower *petals.
꽃잎의 수를 세어봅시다.
Some flowers have 3, 5, or 8 petals!
몇몇 꽃들은 3개, 5개, 또는 8개의 꽃잎을 가지고 있습니다!

Do you know why?
왜 그런지 아나요?
It's because flowers grow best with these numbers of petals.
그것은 꽃들이 이 꽃잎 수로 가장 잘 자라기 때문입니다.

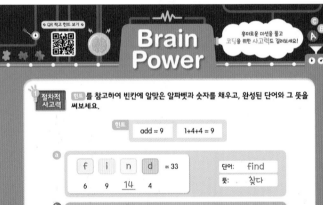

💬 꽃 속에 숨어 있는 신기한 규칙

주변에 피어 있는 꽃들의 꽃잎 수를 세어 보세요. 대부분의 꽃잎이 3장, 5장, 8장, 13장으로 되어 있을 거예요. 그 이유는 무엇일까요? 꽃이 활짝 피기 전까지 꽃잎들은 겹쳐져 봉오리를 이루어 꽃 안의 암술과 수술을 보호해요. 이때 꽃잎의 수가 3, 5, 8, 13, …일 때 꽃잎을 겹치기가 가장 효율적이라고 합니다. 이 꽃잎의 수를 작은 수부터 배열하면 피보나치가 발견한 '피보나치 수열'과 같은 규칙인 걸 알 수 있어요.

Comprehension Check

1 다음 질문의 답으로 가장 적절한 것을 골라 보세요.

ⓐ 이 글의 주제는 무엇인가요?
　☑ ① a rule in nature 자연 속 규칙
　② numbers of flower petals 꽃잎들의 수
　③ why flowers grow well outside 꽃들이 밖에서 잘 자라는 이유

ⓑ 아래 숫자들의 배열 규칙에 관한 설명으로 알맞지 않은 것은 무엇인가요?

| 1 | 1 | 2 | 3 | 5 | 8 | 13 | 21 | 34 | ... |

　☑ ① The number after 34 will be 45.
　34 뒤에 숫자는 45일 것입니다.
　② An Italian mathematician found this rule.
　한 이탈리아의 수학자가 이 규칙을 발견했습니다.
　③ Each number is the sum of the previous two numbers.
　각 숫자는 이전의 두 숫자들의 합입니다.

2 다음 문장을 읽고 맞으면 T, 틀리면 F에 표시하세요.

① Fibonacci was an Italian mathematician. 　(T) F
　피보나치는 이탈리아의 수학자였습니다.
② We can find Fibonacci's rule in nature. 　(T) F
　우리는 자연 속에서 피보나치의 규칙을 찾을 수 있습니다.
③ All flowers have 3, 5, or 8 petals. 　T (F)
　모든 꽃들은 3개, 5개, 또는 8개의 꽃잎을 가지고 있습니다.

3 다음 질문에 알맞은 답이 되도록 빈칸에 들어갈 말을 본문에서 찾아 써보세요.

왜 많은 꽃들이 3개, 5개, 또는 8개의 꽃잎을 가지고 있나요?
Q Why do many flowers have 3, 5, or 8 petals?

A It's because flowers ___grow___ ___best___ with these numbers of petals.
그것은 꽃들이 이 꽃잎 수로 가장 잘 자라기 때문입니다.

64

Brain Power
흥미로운 미션을 풀고 코딩을 위한 사고력도 길러보세요!

절차적 사고력 힌트를 참고하여 빈칸에 알맞은 알파벳과 숫자를 채우고, 완성된 단어와 그 뜻을 써보세요.

힌트: add = 9 　1+4+4 = 9

ⓐ

| f | i | n | d | = 33 |
| 6 | 9 | 14 | 4 | |

단어: find
뜻: 찾다

ⓑ

| c | o | u | n | t | = 73 |
| 3 | 15 | 21 | 14 | 20 | |

단어: count
뜻: 세다

문제 해결력 네 장의 쪽지가 있습니다. 세 명의 학생들이 쪽지를 하나씩 뽑아서 쪽지 내용이 피보나치에 관한 알맞은 설명이면 2점, 그렇지 않으면 1점을 얻을 때, 각 친구가 세 번째 게임 후 얻을 총 점수를 맞혀보세요.

O ① Fibonacci was Italian.
　피보나치는 이탈리아 사람이었습니다.
X ② Fibonacci didn't like flowers.
　피보나치는 꽃을 좋아하지 않았습니다.
X ③ Fibonacci had a flower garden.
　피보나치는 꽃 정원을 가지고 있었습니다.
O ④ Fibonacci was a mathematician.
　피보나치는 수학자였습니다.

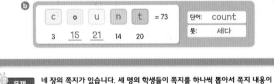

	👧	👩	👦
첫 번째 게임	①+2	②+1	④+2
두 번째 게임	④+2	②+1	③+1
세 번째 게임	②+1	①+2	③+1
점수	5	4	4

Wrap UP!

Unit 01 보기 에서 알맞은 말을 골라 평야와 산지의 특징에 관한 설명을 완성하세요.

보기 corn   richer   flat   high   wheat   cooler

Plains 평야

large areas of __flat__

land around rivers
강 주위에 있는 평평한 땅의 넓은 지역

The rivers make the land
__richer__ .
강이 땅을 더 비옥하게 만듭니다.

Farmers grow rice and
__wheat__ .
농부들은 쌀과 밀을 재배합니다.

Mountains 산지

__high__ areas of land
땅의 높은 지역

__cooler__ than plains
평야보다 시원한

Farmers grow __corn__ and
potatoes.
농부들은 옥수수와 감자를 재배합니다.

기억이 안 난다면? 42쪽으로 이동하세요.

Unit 02 보기 에서 알맞은 말을 골라 식물이 영양분을 얻는 방식에 관한 설명을 완성하세요.

보기 water   food   leaves   light

Plants make their own __food__ .
식물들은 그들 자신의 영양분을 만듭니다.

❶ Plants get __water__ from the soil through their roots.
식물들은 그들의 뿌리를 통해 땅으로부터 물을 얻습니다.

❷ A green chemical in plants gets __light__ from the sun.
식물 안에 있는 초록색 화학물질은 태양으로부터 빛을 얻습니다.

❸ Plants get carbon dioxide through their __leaves__ .
식물들은 그들의 잎을 통해 이산화탄소를 얻습니다.

기억이 안 난다면? 48쪽으로 이동하세요.

Unit 03 보기 에서 알맞은 말을 골라 클로드 모네(Claude Monet)와 그 작품을 설명하는 글을 완성하세요.

보기 painter   captured   pond   water lilies

Claude Monet was a __painter__ .
He is famous for his paintings of __water lilies__ .
He had a garden at his house. There were flowers,
trees, and a __pond__ in the garden. The painter
__captured__ them in the paintings.

기억이 안 난다면? 54쪽으로 이동하세요.

클로드 모네는 화가였습니다.
그는 그의 수련 그림들로 유명합니다.
그는 그의 집에 정원을 가지고 있었습니다.
그 정원에는 꽃, 나무, 그리고 연못이 있었습니다. 화가는
그것들을 그림에 포착했습니다.

Unit 04 피보나치(Fibonacci)가 발견한 규칙에 맞게 아래 표에 알맞은 숫자를 채우고, 알맞은 단어를 골라보세요.

1	1	2	3	5	8	13	21	34	...

- Each number is the sum of the next / ⟨previous⟩ two numbers.
  각 숫자는 이전의 두 숫자들의 합계입니다.
- An Italian painter / ⟨mathematician⟩ found this rule.
  이탈리아의 수학자는 이 규칙을 찾았습니다.
- Some flowers have petals in these numbers.
  몇몇 꽃들은 이 숫자들의 꽃잎을 가지고 있습니다.
- Flowers grow high / ⟨best⟩ with these numbers of petals.
  꽃들은 이 꽃잎 수로 가장 잘 자랍니다.

기억이 안 난다면? 60쪽으로 이동하세요.

쉬어가기

전개도를 접었을 때 나오는 정육면체를 찾아보세요.

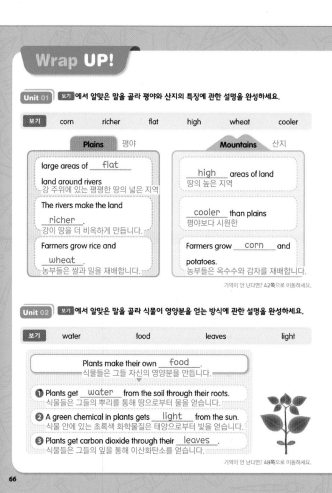

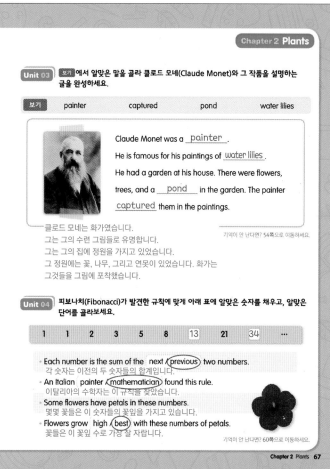

UNIT 01 | We Live Together 우리는 함께 삽니다

Subject Words QR코드를 이용하여 단어를 듣고 따라 읽어보세요.

pollution
오염

facility
시설

waste treatment
쓰레기 처리

smell
냄새

More Words QR코드를 이용하여 단어와 예문을 듣고 따라 읽어보세요.

town
(소)도시
There is a town
on the mountain.
산에 도시가 있습니다.

worry
걱정하다
The girl worries about
her homework.
그 소녀는 그녀의 숙제를 걱정합니다.

backyard
뒷마당
We have a big tree
in our backyard.
우리는 뒷마당에 큰 나무 한 그루가 있습니다.

selfish
이기적인
The boy is selfish.
그 소년은 이기적입니다.

express
표현하다
Express your love to
your parents.
당신의 부모님에게 사랑을
표현하세요.

opinion
의견
We have the same
opinion.
우리는 같은 의견을 가지고
있습니다.

72

Vocabulary Check

Subject Words 그림과 뜻을 보고 알맞은 단어를 쓰세요.

①
냄새
smell

②
쓰레기 처리
waste treatment

③
오염
pollution

④
시설
facility

More Words 우리말에 맞는 문장이 되도록 알맞은 단어를 고르세요.

① 산에 도시가 있습니다.   There is a (town)/ tower on the mountain.

② 우리는 뒷마당에 큰 나무 한 그루가 있습니다.   We have a big tree in our (backyard)/ garden .

③ 당신의 부모님에게 사랑을 표현하세요.   (Express)/ Inspire your love to your parents.

④ 그 소녀는 그녀의 숙제를 걱정합니다.   The girl (worries)/ works about her homework.

⑤ 그 소년은 이기적입니다.   The boy is famous /(selfish).

⑥ 우리는 같은 의견을 가지고 있습니다.   We have the same (opinion)/ observatory .

We Live Together
우리는 함께 삽니다

A waste treatment facility will open in Jiho's town.

Jiho's neighbors don't like it.

They worry about the bad smell and water pollution.

They don't want the facility in their town.

쓰레기 처리 시설이 Jiho네 도시에 생길 것입니다.
Jiho의 이웃들은 그것을 좋아하지 않습니다.
그들은 좋지 않은 냄새와 수질 오염을 걱정하고 있습니다.
그들은 그들의 도시에 그 시설을 원하지 않습니다.

⦿ Key Grammar | Some say ~

Some say NIMBY is bad.   어떤 사람들은 님비가 나쁘다고 말합니다.

'어떤 사람들은 ~라고 말합니다'는 영어로 'Some say ~'라고 표현할 수 있어요. 이때, 'some'은 some people(어떤 사람들)의 의미로 쓰입니다.

⦿ Some say television is bad.   어떤 사람들은 텔레비전이 나쁘다고 말합니다.
   Some say he is kind.   어떤 사람들은 그가 친절하다고 말합니다.

74

NIMBY ✕

이것은 님비의 예시입니다.
님비는 "내 뒷마당에는 안 된다"를 의미합니다.
사람들은 그들의 집 근처에 몇몇 시설들을 원하지 않습니다.

This is an example of NIMBY.

NIMBY means "Not in My Backyard."

People don't want some facilities near their homes.

Some say NIMBY is bad.

They think it is selfish.

But some say NIMBY is not bad.

We live in a *democracy.

So anyone can express their opinion.
*democracy 민주주의

What do you think of NIMBY?
여러분은 님비에 대해 어떻게 생각하나요?

어떤 사람들은 님비가 나쁘다고 말합니다.
그들은 그것이 이기적이라고 생각합니다.
그러나 어떤 사람들은 님비가 나쁘지 않다고 말합니다.
우리는 민주주의 안에서 살고 있습니다.
그래서 누구든 그들의 의견을 표현할 수 있습니다.

님비(NIMBY) 현상 - 우리 동네에는 싫어요!

쓰레기 매립지는 우리 생활에 꼭 필요해요. 하지만 이러한 시설이 주변에는 불편을 줄 수도 있죠. 그래서 그런 시설들이 자신의 지역에 생기는 것을 반대하는 경우가 있는데, 이를 님비현상이라고 한답니다. 이 현상을 나쁘게만 볼 수 없는 것이, 애향심과 자기보호를 위한 행동일 수 있기 때문이에요. 따라서 서로에게 이익이 될 수 있도록 대화와 타협을 통한 모두의 노력이 필요해요!

42

1 다음 질문의 답으로 가장 적절한 것을 골라 보세요.

ⓐ 이 글의 주제는 무엇인가요?

☑ ❶ the meaning of NIMBY 님비의 의미

❷ good neighbors in towns 도시에 좋은 이웃들

❸ problems with waste treatment 쓰레기 처리에 관한 문제들

ⓑ 마을 사람들이 쓰레기 처리시설을 반대하는 이유를 **모두** 골라 보세요.

☑ ❶ the smell 냄새

❷ earthquakes 지진

☑ ❸ water pollution 수질 오염

ⓒ 사람들이 님비(NIMBY)가 나쁘다고 하는 이유는 무엇인가요?

☑ ❶ because it is selfish
그것이 이기적이기 때문에

❷ because it makes pollution
그것이 오염을 만들기 때문에

❸ because we live in a democracy
우리는 민주주의 안에서 살고 있기 때문에

2 다음 문장을 읽고 맞으면 T, 틀리면 F에 표시하세요.

❶ Jiho's neighbors don't want the waste treatment facility.
Jiho의 이웃들은 쓰레기 처리시설을 원하지 않습니다. (T) F

❷ Some people say NIMBY is not bad.
어떤 사람들은 님비가 나쁘지 않다고 말합니다. (T) F

❸ In a democracy, people can't express their opinion.
민주주의 안에서, 사람들은 그들의 의견을 표현할 수 없습니다. T (F)

3 다음 질문에 알맞은 답이 되도록 빈칸에 들어갈 말을 본문에서 찾아 써보세요.

님비는 무엇을 의미하나요?

Q What does NIMBY mean?

A NIMBY means " __Not__ __In__ __My__ __Backyard__ ."
님비는 "내 뒷마당에는 안 된다"를 의미합니다.

Brain Power

◆ QR 찍고 힌트 보기 ◆

흥미로운 미션을 풀고 코딩을 위한 사고력도 길러보세요!

점차적 사고력 앞뒤에 같은 알파벳이 적혀 있는 단어띠가 있어요. 예시 를 참고하여 단어띠를 여러 가지로 접은 모양을 보고, 모두 펼쳤을 때 적힌 단어를 맞혀보세요.

예시

| 앞면 | E X P R E S S |
| 뒷면 | S S E R P X E |

★ 빨간 점선 따라 한 번 접었을 때

P X E S

★ 파란 점선 따라 두 번 접었을 때

E P S S

★ 빨간 점선 따라 한 번 접었을 때

P N O I T

★ 파란 점선 따라 두 번 접었을 때

O P U N O

P O L L U T I O N

단어: __POLLUTION__ 뜻: __오염__

논리적 사고력 마을 사람들이 쓰레기 처리시설을 만드는 것에 대해 토론을 하고 있어요. 찬성표와 반대표가 다음과 같을 때, Kate가 한 말로 알맞은 것을 골라보세요.

Peter 반대: I don't want a waste treatment facility near my home.
나는 내 집 근처에 쓰레기 처리시설을 원하지 않습니다.

Amy 찬성: I agree with Sam.
나는 Sam에게 동의합니다.

Lucy 반대: I like Peter's opinion.
나는 Peter의 의견이 좋습니다.

Harry 반대: I don't like Amy's idea.
나는 Amy의 생각을 좋아하지 않습니다.

Sam 찬성: I don't like Peter's opinion.
나는 Peter의 의견을 좋아하지 않습니다.

Kate 찬성: I agree /⟨don't agree⟩ with Harry.
나는 Harry에게 동의하지 않습니다.

찬성 3

반대 3

개구리들이 무엇을 먹는지 아나요?
Q Do you know what frogs eat?

UNIT 02 과학 Food Chains and Food Webs

먹이 사슬과 먹이 그물

Subject Words QR코드를 이용하여 단어를 듣고 따라 읽어보세요.

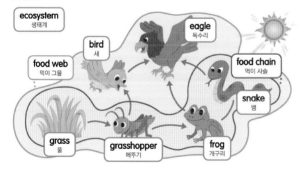

ecosystem 생태계

eagle 독수리

bird 새

food web 먹이 그물

food chain 먹이 사슬

snake 뱀

grass 풀

grasshopper 메뚜기

frog 개구리

More Words QR코드를 이용하여 단어와 예문을 듣고 따라 읽어보세요.

eat 먹다

We are eating ice cream.
우리는 아이스크림을 먹고 있습니다.

connect 연결하다

I can connect to the internet.
나는 인터넷에 연결할 수 있습니다.

chain 사슬

I keep the chain on the door.
나는 문에 사슬을 채워둡니다.

type 종류

There are many types of bikes.
많은 종류의 자전거가 있습니다.

like ~처럼

We are singing like singers.
우리는 가수처럼 노래를 부르고 있습니다.

web 거미줄; *그물

Look at the spider web.
저 거미줄을 좀 보세요.

Vocabulary Check

Subject Words 그림과 뜻을 보고 알맞은 단어를 쓰세요.

❶ 독수리 — eagle

❷ 먹이 사슬 — food chain

❸ 뱀 — snake

❹ 생태계 — ecosystem

❺ 메뚜기 — grasshopper

❻ 새 — bird

❼ 개구리 — frog

❽ 풀 — grass

More Words 우리말에 맞는 문장이 되도록 알맞은 단어를 고르세요.

❶ 우리는 아이스크림을 먹고 있습니다.
We are (eating / using) ice cream.

❷ 나는 문에 사슬을 채워둡니다.
I keep the (chain / plant) on the door.

❸ 저 거미줄을 좀 보세요.
Look at the spider (root / web).

❹ 우리는 가수처럼 노래를 부르고 있습니다.
We are singing (like / with) singers.

❺ 많은 종류의 자전거가 있습니다.
There are many (rules / types) of bikes.

❻ 나는 인터넷에 연결할 수 있습니다.
I can (count / connect) to the internet.

Food Chains and Food Webs 먹이 사슬과 먹이 그물

동물들은 에너지가 필요합니다.
그들은 식물들과 다른 동물들로부터 에너지를 얻습니다

Animals need energy.

They get energy from plants and other animals.

The grasshopper eats grass.

The frog eats the grasshopper.

The snake eats the frog.

The eagle eats the snake.

They are connected in a chain.

메뚜기는 풀을 먹습니다.
메뚜기는 메뚜기를 먹습니다.
뱀은 개구리를 먹습니다.
독수리는 뱀을 먹습니다.
그들은 사슬로 연결되어 있습니다.

eagle
독수리

snake
뱀

We call this a food chain.
우리는 이것을 먹이 사슬이라고 부릅니다.

grass | grasshopper | frog
풀 | 메뚜기 | 개구리

Key Grammar   call A B

We call this a food chain. 우리는 이것을 먹이 사슬이라고 부릅니다.

call은 '~을 부르다'라는 뜻의 동사입니다. call 다음에 명사(구) 두 개가 나란히 와서 'call A B'가 되면 'A를 B라고 부릅니다', 'A를 B라고 이름 짓습니다'라는 의미가 됩니다.

ⓔ I call my dog Max. 나는 나의 개를 Max라고 부릅니다.
  We called our baby Jim. 우리는 우리 아기를 Jim이라고 이름 지었습니다.

There are many food chains in an ecosystem.
생태계 안에는 많은 먹이 사슬들이 있습니다.
One type of animal eats more than one plant or animal.
한 종류의 동물이 하나 이상의 식물이나 동물을 먹습니다.

The eagle eats the snake.

The eagle eats small birds too.

The grasshopper eats grass.

The grasshopper eats other plants too.

독수리는 뱀을 먹습니다.
독수리는 작은 새들도 먹습니다.
메뚜기는 풀을 먹습니다.
메뚜기는 다른 식물들도 먹습니다.

These food chains are connected like a web.

We call this a food web. 이러한 먹이 사슬은 그물처럼 연결되어 있습니다.
우리는 이것을 먹이 그물이라고 부릅니다.

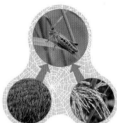

참새가 사라지면 …

옛날에 한 왕이 벼 이삭을 먹고 있는 참새를 발견했어요. "인간의 식량을 먹다니 괘씸하군! 당장 모든 참새를 없애라!" 왕의 명령으로 많은 참새들이 사라졌죠. 그런데 다음 해 쌀 부족으로 오히려 많은 사람들이 죽고 말았어요. 왜일까요? 바로 벼 농사에 해를 끼치는 해충을 잡아 먹는 참새가 모두 죽어버렸기 때문이에요! 이처럼 눈에 보이지 않는다고 먹이 사슬을 파괴하면 인간에게 그 피해가 돌아올 수 있답니다.

Comprehension Check

1 다음 질문의 답으로 가장 적절한 것을 골라 보세요.

ⓐ 이 글의 주제는 무엇인가요?
  ① plants in food chains 먹이 사슬 안에 있는 식물들
  ✓ food chains and food webs in an ecosystem 생태계 속 먹이 사슬과 먹이 그물
  ③ the difference between food chains and food webs 먹이 사슬과 먹이 그물의 차이점

ⓑ 먹이 사슬에서 개구리는 무엇을 먹나요?
  ✓ the grasshopper 메뚜기   ② grass 풀   ③ the snake 뱀

ⓒ 먹이 사슬에 관한 설명으로 알맞은 것은 무엇인가요?
  ① Food chains are not connected.
    먹이 사슬들은 연결되어 있지 않습니다
  ✓ Food chains are connected like a web.
    먹이 사슬들은 그물처럼 연결됩니다
  ③ There is only one food chain in an ecosystem.
    생태계 안에는 오직 하나의 먹이 사슬이 있습니다.

2 다음 문장을 읽고 맞으면 T, 틀리면 F에 표시하세요.

① Animals get energy from plants and other animals.
  동물들은 식물과 다른 동물들로부터 에너지를 얻습니다.   (T) F
② The snake eats the eagle.
  뱀은 독수리를 먹습니다.   T (F)
③ One type of animal eats more than one plant or animal.
  한 종류의 동물이 하나 이상의 식물이나 동물을 먹습니다.   (T) F

3 다음 질문에 알맞은 답이 되도록 빈칸에 들어갈 말을 본문에서 찾아 써보세요.

Q How are food chains connected? 먹이 사슬은 어떻게 연결되어 있나요?
A Food chains are connected like a ___web___ . So we call this a ___food___
  ___web___
  먹이 사슬은 그물처럼 연결되어 있습니다. 그래서 우리는 이것을 먹이 그물이라고 부릅니다.

Brain Power

QR 찍고 힌트 보기

흥미로운 미션을 풀고 코딩을 위한 사고력도 길러보세요!

절차적 사고력 암호문에 얼룩이 묻어 몇몇 암호가 보이지 않아요. 암호를 해독하여 단어를 찾고 그 뜻을 써보세요.

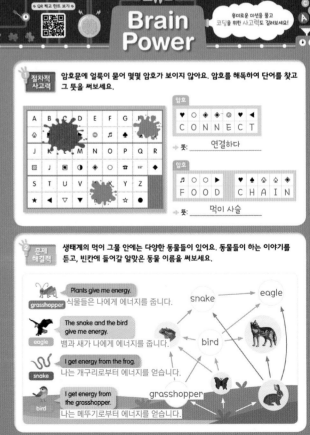

암호
C O N N E C T
→ 뜻: 연결하다

암호
F O O D   C H A I N
→ 뜻: 먹이 사슬

문제 해결력 생태계의 먹이 그물 안에는 다양한 동물들이 있어요. 동물들이 하는 이야기를 듣고, 빈칸에 들어갈 알맞은 동물 이름을 써보세요.

grasshopper — Plants give me energy. 식물들은 나에게 에너지를 줍니다.
eagle — The snake and the bird give me energy. 뱀과 새가 나에게 에너지를 줍니다.
snake — I get energy from the frog. 나는 개구리로부터 에너지를 얻습니다.
bird — I get energy from the grasshopper. 나는 메뚜기로부터 에너지를 얻습니다.

snake   eagle
bird
grasshopper

UNIT 03 체육 Good Relationships through Sports

운동을 통한 좋은 관계

Subject Words QR코드를 이용하여 단어를 듣고 따라 읽어보세요.

- soccer 축구
- sports 운동
- fall down 넘어지다 참고 과거형 fell down
- compete against ~와 경쟁하다

More Words QR코드를 이용하여 단어와 예문을 듣고 따라 읽어보세요.

work 일하다
The boy works in the garden.
그 소년은 정원에서 일합니다.

role 역할
The girl plays the role of a doctor.
그 소녀는 의사 역할을 합니다.

trust 믿다
I trust my mother.
나는 나의 엄마를 믿습니다.

respect 존중, 존중하다
People respect dogs.
사람들은 개들을 존중합니다.

help 돕다
She helped him up.
그녀는 그가 일어나도록 도왔습니다.

teamwork 팀워크
We have good teamwork.
우리는 팀워크가 좋습니다.

84

Vocabulary Check

Subject Words 그림과 뜻을 보고 알맞은 단어를 쓰세요.

 ① 운동
sports

 ② 축구
soccer

 ③ ~와 경쟁하다
compete against

 ④ 넘어지다
fall down

More Words 우리말에 맞는 문장이 되도록 알맞은 단어를 고르세요.

① 나는 나의 엄마를 믿습니다.
I (trust) / respect my mother.

② 사람들은 개들을 존중합니다.
People trust / (respect) dogs.

③ 그 소년은 정원에서 일합니다.
The boy (works) / grows in the garden.

④ 그 소녀는 의사 역할을 합니다.
The girl plays the (role) / area of a doctor.

⑤ 그녀는 그가 일어나도록 도왔습니다.
She (helped) / inspired him up.

⑥ 우리는 팀워크가 좋습니다.
We have good (teamwork) / artwork.

Chapter 3 Relationships 85

Good Relationships through Sports

운동을 통한 좋은 관계

Jack plays sports with his friends.
He competes against some of them.
But they have a good relationship!
How?

Jack은 그의 친구들과 운동을 합니다.
그는 그들 중 몇몇과 경쟁을 합니다.
하지만 그들은 좋은 관계를 가지고 있습니다!
이렇게 그럴까요?

First, his team learned how to work together.
They often play soccer together.
They know their roles.
They trust each other.
So they play well together during the games.

먼저, 그의 팀은 함께 일하는 방법을 배웠습니다.
그들은 자주 함께 축구를 합니다.
그들은 그들의 역할을 알고 있습니다.
그들은 서로를 믿습니다.
그래서 그들은 경기 동안 함께 잘 합니다.

The teams also learned how to respect each other.
One day, Jack fell down during a game.
Then a friend helped him up.
The friend was from the other team!
They respect each other.

팀들은 또한 서로 존중하는 방법을 배웠습니다.
어느 날, Jack이 경기 도중 넘어졌습니다.
그러자 한 친구가 그가 일어나도록 도왔습니다.
그 친구는 다른 팀에 온 친구였습니다!
그들은 서로를 존중합니다.

Jack and his friends learn teamwork and respect through sports.
So they have a good relationship.

Jack과 그의 친구들은 운동을 통해 팀워크와 존중을 배웁니다.
그래서 그들은 좋은 관계를 가지고 있습니다.

Key Grammar how to + 동사원형

Jack's team learned how to work together. Jack의 팀은 함께 일하는 방법을 배웠습니다.

'how to + 동사원형'은 '~하는 방법'이라는 뜻의 명사구로, 주로 문장에서 목적어로 쓰입니다.

I learned how to swim. 나는 수영하는 방법을 배웠습니다.
He doesn't know how to play the guitar. 그는 기타 치는 방법을 모릅니다.

86

스포츠, 같이 하면 더 좋아요!

여러 명이 함께 하는 '팀 스포츠'는 팀워크(teamwork)가 가장 중요한 요소인 운동입니다. 그 예로는 야구, 농구, 배구, 축구, 하키 등이 있어요. 팀 스포츠를 통해 우리는 무엇을 기를 수 있을까요? 함께 협력하여 행동하는 협동심을 기를 수 있어요. 또, 공정하게 경기에 임하고 상대편에 예의를 지키는 스포츠맨십도 기를 수 있답니다.

Chapter 3 Relationships 87

Comprehension Check

1 다음 질문의 답으로 가장 적절한 것을 골라 보세요.

ⓐ 이 글의 주제는 무엇인가요?
- ① how to make new friends 새로운 친구들을 만드는 방법
- ② how to play soccer with friends 친구들과 축구를 하는 방법
- ✓③ how to build good relationships through sports 운동을 통해 좋은 관계를 쌓는 방법

ⓑ Jack은 친구들과 어떤 운동을 자주 연습하나요?
- ① tennis 테니스
- ✓② soccer 축구
- ③ basketball 농구

ⓒ Jack이 경기 도중 넘어졌을 때 무슨 일이 일어났나요?
- ① His friend on the same team helped him up.
  그의 같은 팀 친구가 그가 일어나도록 도와줬습니다.
- ② His friend from the other team fell down too.
  그의 다른 팀 친구도 넘어졌습니다.
- ✓③ His friend from the other team helped him up.
  그의 다른 팀 친구가 그가 일어나도록 도와줬습니다.

2 다음 문장을 읽고 맞으면 T, 틀리면 F에 표시하세요.

① Jack competes against some of his friends.
Jack은 그의 친구들 중 몇몇과 경쟁을 합니다. — **T** / F

② Jack doesn't have a good relationship with his friends.
Jack은 그의 친구들과 좋은 관계를 가지고 있지 않습니다. — T / **F**

③ Jack and his friends trust each other.
Jack과 그의 친구들은 서로를 믿습니다. — **T** / F

3 다음 질문에 알맞은 답이 되도록 빈칸에 들어갈 말을 본문에서 찾아 써보세요.

Jack과 그의 친구들은 운동을 통해 무엇을 배우나요?

Q What do Jack and his friends learn through sports?

A They learn ___teamwork___ and ___respect___ through sports.
그들은 운동을 통해 팀워크와 존중을 배웁니다.

Brain Power

흥미로운 미션을 풀고
코딩을 위한 사고력도 길러보세요!

정차적 사고력 **규칙**을 읽고 퍼즐에 알맞게 색칠한 후, 색칠하지 않은 칸의 알파벳을 조합하여 단어를 만들고 그 뜻을 써보세요.

규칙
1. 퍼즐 왼쪽에 있는 숫자는 가로로 색칠한 칸의 수예요.
2. 퍼즐 아래쪽에 있는 숫자는 세로로 색칠한 칸의 수예요.
3. 숫자 사이에는 반드시 색칠하지 않은 칸이 있어요.
4. ♥가 있는 곳에는 색칠할 수 없어요.

→ 단어: respect
뜻: 존중하다

→ 단어: teamwork
뜻: 팀워크

UNIT 04 수학

Three Friends: Gram, Kilogram, and Ton
세 친구들: 그램, 킬로그램, 그리고 톤

Subject Words QR코드를 이용하여 단어를 듣고 따라 읽어보세요.

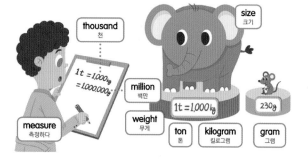

- thousand 천
- size 크기
- million 백만
- weight 무게
- measure 측정하다
- 1t = 1,000kg
- 1t = 1,000kg = 1,000,000g
- 230g
- ton 톤
- kilogram 킬로그램
- gram 그램

More Words QR코드를 이용하여 단어와 예문을 듣고 따라 읽어보세요.

close 가까운
We are a very close family.
우리는 매우 가까운 가족입니다.

item 물품
There are many items on the table.
탁자 위에 많은 물품들이 있습니다.

among ~중에
He is the tallest among his brothers.
그는 형제들 중에서 키가 가장 큽니다.

light 가벼운
Tennis balls are small and light.
테니스 공은 작고 가볍습니다.

heavy 무거운
The box is so heavy.
상자가 매우 무겁습니다.

huge 거대한
There is a huge tree next to the house.
집 옆에 거대한 나무 한 그루가 있습니다.

Vocabulary Check

Subject Words 그림과 뜻을 보고 알맞은 단어를 쓰세요.

① 무게 — weight
② 크기 — size
③ 천 — thousand
④ 백만 — million
⑤ 그램 — gram
⑥ 킬로그램 — kilogram
⑦ 톤 — ton
⑧ 측정하다 — measure

More Words 우리말에 맞는 문장이 되도록 알맞은 단어를 고르세요.

① 상자가 매우 무겁습니다.
The box is so light /(heavy).

② 우리는 매우 가까운 가족입니다.
We are a very (close)/ large family.

③ 테니스 공은 작고 가볍습니다.
Tennis balls are small and (light)/ heavy.

④ 집 옆에 거대한 나무 한 그루가 있습니다.
There is a high /(huge) tree next to the house.

⑤ 그는 형제들 중에서 키가 가장 큽니다.
He is the tallest (among)/ behind his brothers.

⑥ 탁자 위에 많은 물품들이 있습니다.
There are many (items)/ treasures on the table.

Three Friends: Gram, Kilogram, and Ton
세 친구들: 그램, 킬로그램, 그리고 톤

These three friends have a close relationship.

They all represent weight of items.

But they are different in size. 이 세 친구들은 가까운 관계입니다.
그들은 모두 물품의 무게를 나타냅니다.
그러나 그들은 크기가 다릅니다.

The first friend is the gram.

He is the smallest among them.

We measure light items in grams.

첫 번째 친구는 그램입니다.
그는 그들 중에서 가장 작습니다.
우리는 가벼운 물품을 그램으로 측정합니다.

두 번째 친구는 킬로그램입니다.
그는 그램보다 천 배 더 큽니다.
우리는 무거운 물품을 킬로그램으로 측정합니다.

The second friend is the kilogram.

He is a thousand times bigger than the gram.

We measure heavy items in kilograms.

The third friend is the ton.

She is the biggest among them.

She is a thousand times bigger than the kilogram.

So she is a million times bigger than the gram.

We measure huge items in tons.

세 번째 친구는 톤입니다.
그녀는 그들 중에서 가장 큽니다.
그녀는 킬로그램보다 천 배 더 큽니다.
그래서 그녀는 그램보다 백만 배 더 큽니다.
우리는 거대한 물품을 톤으로 측정합니다.

Key Grammar 배수사 + 비교급

A kilogram is a thousand times bigger than a gram. 1킬로그램은 1그램보다 천 배 더 큽니다.

영어로 배수를 표현할 때 2배는 'twice'라고 쓰고, 3배부터는 '숫자(기수) times'라고 씁니다. 이런 배수 표현을 배수사라고 합니다. 배수사 다음에 비교급을 같이 쓰면 '~보다 몇 배 더 ~한'이라는 뜻이에요.

It is five times bigger than her. 그것은 그녀보다 다섯 배 더 큽니다.
This planet is ten times larger than the earth. 이 행성은 지구보다 열 배 더 큽니다.

물건들은 각자 어울리는 단위가 있어요!

물건들은 그 무게에 따라 사용하는 단위가 달라요. 우리가 먹는 음식이나 가벼운 물건들의 무게를 나타낼 때는 그램(gram) 단위를 사용해요. 체중이나 무거운 물건의 무게를 나타낼 때는 킬로그램 (kilogram) 단위를 사용해요. 그리고 자동차나 코끼리와 같은 거대한 사물이나 동물의 무게를 나타낼 때는 톤(ton) 단위를 사용한답니다.

Comprehension Check

1 다음 질문의 답으로 가장 적절한 것을 골라 보세요.

ⓐ 이 글의 주제는 무엇인가요?
  ① how to measure heavy items 무거운 물품을 측정하는 방법
  ② three friends of the same size 같은 크기의 세 친구들
  ✓ measuring weight with grams, kilograms, and tons 그램, 킬로그램, 톤으로 무게 측정하기

ⓑ 가벼운 물건을 측정하는 데 사용하는 단위는 무엇인가요?
  ✓ gram 그램 ② kilogram 킬로그램 ③ ton 톤

ⓒ gram, kilogram, ton의 공통점은 무엇인가요?
  ① They are the same size.
     그들은 같은 크기입니다.
  ② They all measure huge items.
     그들은 모두 무거운 물품을 측정합니다.
  ✓ They all represent weight of items.
     그들은 모두 물품의 무게를 나타냅니다.

2 다음 문장을 읽고 맞으면 T, 틀리면 F에 표시하세요.

① A gram is smaller than a kilogram.
   그램은 킬로그램보다 작습니다. (T) F
② We measure heavy items in grams.
   우리는 그램으로 무거운 물품을 측정합니다. T (F)
③ A ton is a thousand times bigger than a gram.
   톤은 그램보다 천 배 더 큽니다. T (F)

3 다음 질문에 알맞은 답이 되도록 빈칸에 들어갈 말을 본문에서 찾아 써보세요.

가장 큰 친구(톤)가 가장 작은 친구(그램)보다 얼마나 더 큰가요?
Q How much bigger is the biggest friend (ton) than the smallest friend (gram)?

A The biggest friend is a <u>million</u> <u>times</u> <u>bigger</u> than the smallest friend.
가장 큰 친구는 가장 작은 친구보다 백만 배 더 큽니다.

Brain Power

흥미로운 미션을 풀고 코딩을 위한 사고력도 길러보세요!

QR 찍고 힌트 보기

논리적 사고력 알파벳 상자들의 무게를 재고 있어요. 무게가 같은 상자들의 알파벳을 조합하여 단어를 만들고 뜻을 함께 써보세요.

① 단어: light 뜻: 가벼운
② 단어: heavy 뜻: 무거운

Wrap UP!

Unit 01 Jiho와 마을 친구들이 이야기를 나누고 있어요. 보기 에서 알맞은 말을 골라 빈칸을 완성하세요.

보기 smell   selfish   pollution   treatment

Jiho
A waste __treatment__ facility will open in our town.
What do you think?
쓰레기 처리시설이 우리 도시에 생길 것입니다. 어떻게 생각하나요?

Jimin
I don't like it. I worry about the bad ___smell___!
나는 그것이 좋지 않습니다. 나는 안 좋은 냄새가 걱정됩니다.

Suho
I think so too. I worry about water ___pollution___.
나도 그렇게 생각합니다. 나는 수질 오염이 걱정됩니다.

Yuna
I think NIMBY is bad. It's ___selfish___!
나는 님비가 나쁘다고 생각합니다. 그것은 이기적입니다!

기억이 안 난다면? 72쪽으로 이동하세요.

Unit 02 보기 에서 알맞은 말을 골라 빈칸을 완성하세요.

보기 web   chain   plants   ecosystem

Animals eat __plants__ and other animals.
This is a food __chain__.
There are a lot of them in a(n) __ecosystem__.
These chains are connected.
This is a food __web__.

동물들은 식물들과 다른 동물들을 먹습니다.
이것은 먹이 사슬입니다.
생태계 안에는 많은 그것들이 있습니다.
이 사슬들은 연결되어 있습니다.
이것은 먹이 그물입니다.

96

Unit 03 Jack과 친구들이 축구 동아리의 회원을 모집하기 위해 포스터를 만들고 있어요. 빈칸을 채워 포스터를 완성하세요.

보기 teamwork   together   roles   trust

Play Soccer and Build Good Relationships! 축구를 하고 좋은 관계를 쌓으세요!
Let's play together! We play soccer and ... 함께 합시다! 우리는 축구를 하고 ...
→ learn how to work __together__   함께 일하는 방법을 배웁니다
→ know our __roles__   우리의 역할을 알고 있습니다
→ __trust__ each other   서로를 믿습니다
→ respect each other   서로를 존중합니다
We can learn __teamwork__ and respect through sports!
우리는 운동을 통해 팀워크와 존중을 배울 수 있습니다!

기억이 안 난다면? 84쪽으로 이동하세요.

Unit 04 보기 에서 알맞은 말을 골라 빈칸을 완성하세요.

보기 huge   thousand   million   light   thousand

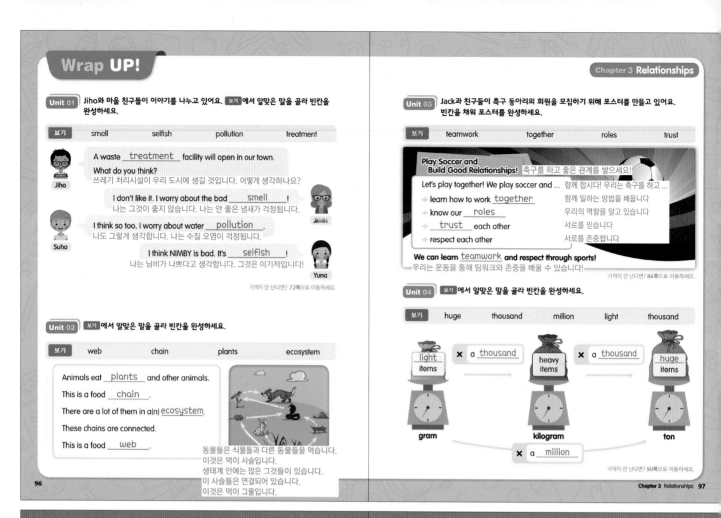

기억이 안 난다면? 90쪽으로 이동하세요.

쉬어가기   아래 도형을 위에서 내려다본 모습을 찾아보세요.

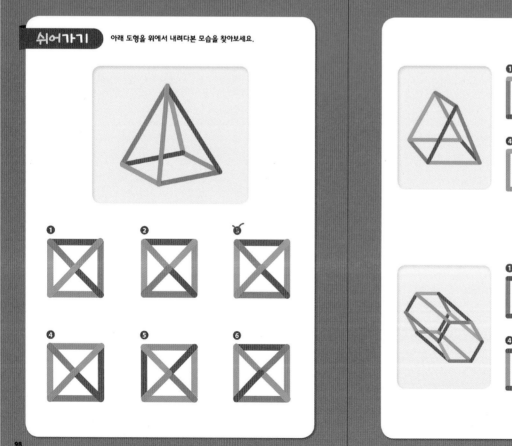

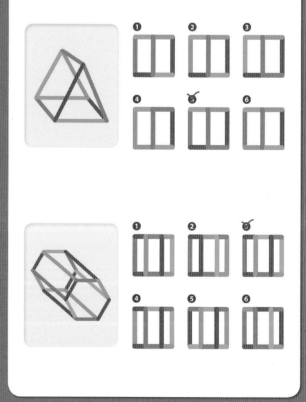

98

48

초등영어
리딩이
된다

Jump1

WORKBOOK 정답 및 해설

UNIT 01 과학 Changing Stars

Subject Words 빈칸에 들어갈 알맞은 단어를 쓰세요.

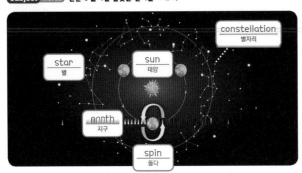

constellation 별자리
star 별
sun 태양
earth 지구
spin 돌다

More Words 우리말에 맞도록 빈칸에 들어갈 알맞은 말을 보기 에서 찾아 쓰세요.

보기 season   patterns   change   same   different   season   behind

① We can see some __patterns__ in the stars.
우리는 별들 속에서 몇몇의 무늬들을 볼 수 있습니다.

② We can't always see the __same__ constellations.
우리는 항상 같은 별자리를 볼 수 없습니다.

③ The constellations __change__ from __season__ to __season__.
별자리들은 계절마다 바뀝니다.

④ Some stars go __behind__ the sun.
어떤 별들은 태양 뒤로 갑니다.

⑤ We see __different__ constellations each season.
우리는 계절마다 다른 별자리를 봅니다.

조동사 can   ~할 수 있습니다

조동사 can은 '~할 수 있습니다'라는 뜻으로 쓰이며, 뒤에는 항상 동사원형을 써야합니다. 반대로 '~할 수 없습니다'는 can 뒤에 -not을 붙여 cannot 또는 줄여서 can't로 씁니다.

Step 1 빈칸을 알맞게 채워 문장을 완성해 보세요.

① 우리는 별들 속에서 몇몇의 무늬들을 볼 수 있습니다.
→ We __can__ see some patterns in the stars.

② 우리는 몇몇의 별들을 지구에서 볼 수 없습니다.
→ We __can't(cannot)__ see some stars from the earth.

Step 2 우리말 뜻에 맞게 괄호 안의 단어를 알맞은 순서로 배열해 보세요.

① 나는 영어를 말할 수 있습니다. (speak, I, English, can)
→ __I can speak English.__

② 그는 피아노를 칠 수 없습니다. (the piano, he, can't, play)
→ __He can't(cannot) play the piano.__

Step 3 우리말 뜻에 맞게 주어진 단어를 사용해 문장을 만들어 보세요.

① 나는 케이크를 만들 수 있습니다. (make, I, a cake)
→ __I can make a cake.__

② 내 동생은 수영을 할 수 없습니다. (my brother, swim)
→ __My brother can't(cannot) swim.__

UNIT 02 음악 Twinkle, Twinkle, Little Star

Subject Words 빈칸에 들어갈 알맞은 단어를 쓰세요.

sound 소리, *들리다
melody 멜로디
song 노래
hear 듣다 과거형 heard
sing 노래하다
composer 작곡가

More Words 우리말에 맞도록 빈칸에 들어갈 알맞은 말을 보기 에서 찾아 쓰세요.

보기 became   put   know   folk   poem   famous

① Do you __know__ this song?
당신은 이 노래를 아나요?

② There was a __famous__ Austrian composer.
한 유명한 오스트리아의 작곡가가 있었습니다.

③ Mozart heard a French __folk__ melody in Paris.
모차르트는 파리에서 프랑스 민속 멜로디를 들었습니다.

④ A man __put__ his __poem__ to Mozart's melody.
한 남자가 모차르트의 멜로디에 그의 시를 넣었습니다.

⑤ The melody __became__ "Twinkle, Twinkle, Little Star."
그 멜로디는 "반짝 반짝 작은 별"이 되었습니다.

Let's + 동사원형   ~합시다

'Let's + 동사원형'은 '~합시다'라는 뜻으로, 상대방에게 무언가를 제안하는 제안문에서 사용합니다.

Step 1 빈칸을 알맞게 채워 문장을 완성해 보세요.

① 알파벳 노래를 불러 봅시다. (sing)
→ __Let's__ __sing__ the alphabet song.

② 함께 두 노래를 불러 봅시다. (sing)
→ __Let's__ __sing__ two songs together.

Step 2 우리말 뜻에 맞게 괄호 안의 단어를 알맞은 순서로 배열해 보세요.

① 공원에 갑시다. (to the park, let's, go)
→ __Let's go to the park.__

② 집을 청소합시다. (clean, let's, the house)
→ __Let's clean the house.__

Step 3 우리말 뜻에 맞게 주어진 단어를 사용해 문장을 만들어 보세요.

① 책을 읽어 봅시다. (read, a book)
→ __Let's read a book.__

② 달려 봅시다. (run)
→ __Let's run.__

The Hubble Space Telescope

Subject **Words** 빈칸에 들어갈 알맞은 단어를 쓰세요.

More **Words** 우리말에 맞도록 빈칸에 들어갈 알맞은 말을 보기에서 찾아 쓰세요.

보기 thanks to　weighs　pictures　large　discovering　learning

1. The telescope is very ___large___ .
   그 망원경은 매우 큽니다.
2. The telescope ___weighs___ 11,110 kg.
   그 망원경은 무게가 11,110 킬로그램입니다.
3. The cameras take ___pictures___ of stars, planets, and galaxies.
   카메라들은 별, 행성, 그리고 은하의 사진을 찍습니다.
4. Scientists are ___discovering___ new things in space with the telescope.
   과학자들은 그 망원경으로 우주에서 새로운 것들을 발견하고 있습니다.
5. Scientists are ___learning___ a lot ___thanks to___ the telescope.
   과학자들은 그 망원경 덕분에 많이 배우고 있습니다.

Grammar - Writing Link

현재진행 시제　~을 하고 있습니다

'~을 하고 있습니다'와 같이 현재 하고 있는 일을 표현할 때는 am, are, is와 같은 'be동사' 뒤에 '동사원형+ing'를 써서 나타냅니다. 우리는 이 표현을 '현재진행 시제'라고 합니다.

Step 1 빈칸을 알맞게 채워 문장을 완성해 보세요.

1. 과학자들은 우주에서 새로운 것들을 발견하고 있습니다. (discover)
   → Scientists ___are___ ___discovering___ new things in space.
2. 과학자들은 그 망원경 덕분에 많이 배우고 있습니다. (learn)
   → Scientists ___are___ ___learning___ a lot thanks to the telescope.

Step 2 우리말 뜻에 맞게 괄호 안의 단어를 알맞은 순서로 배열해 보세요.

1. 나는 케익을 먹고 있습니다. (eating, I, cake, am)
   → I am eating cake.
2. 그들은 책을 읽고 있습니다. (are, they, books, reading)
   → They are reading books.

Step 3 우리말 뜻에 맞게 주어진 단어를 사용해 문장을 만들어 보세요.

1. 가수들이 노래를 부르고 있습니다. (the singers, sing, a song)
   → The singers are singing a song.
2. Tom은 그의 숙제를 하고 있습니다. (Tom, his homework, do)
   → Tom is doing his homework.

The Oldest Observatory in Asia

Subject **Words** 빈칸에 들어갈 알맞은 단어를 쓰세요.

More **Words** 우리말에 맞도록 빈칸에 들어갈 알맞은 말을 보기에서 찾아 쓰세요.

보기 national　during　represent　kingdom　above　treasure

1. People built Cheomseongdae ___during___ the Silla ___kingdom___ .
   사람들은 첨성대를 신라왕국 동안에 지었습니다.
2. Cheomseongdae is now ___National___ ___Treasure___ No. 31.
   첨성대는 현재 국보 31호입니다.
3. There are 12 layers ___above___ the window.
   창문 위에 12개의 층이 있습니다.
4. The 12 layers ___represent___ 12 months in a year.
   그 12개의 층은 일 년 열두 달을 나타냅니다.

Grammar - Writing Link

There are ~　~들이 있습니다

'There are' 다음에 둘 이상의 사람이나 사물을 나타내는 명사를 쓰면 '~들이 있습니다'라는 의미가 됩니다. 이때 there를 '그곳에'라고 해석하지 않는 것에 유의하세요.

Step 1 빈칸을 알맞게 채워 문장을 완성해 보세요.

1. 그 천문대에는 몇몇의 숨겨진 숫자들이 있습니다.
   → ___There___ ___are___ some hidden numbers in the observatory.
2. 창문 위에 12개의 층이 있습니다.
   → ___There___ ___are___ 12 layers above the window.

Step 2 우리말 뜻에 맞게 괄호 안의 단어를 알맞은 순서로 배열해 보세요.

1. 공원에 아이들이 있습니다. (children, in the park, are, there)
   → There are children in the park.
2. 정원에 나무가 있습니다. (trees, there, in the garden, are)
   → There are trees in the garden.

Step 3 우리말 뜻에 맞게 주어진 단어를 사용해 문장을 만들어 보세요.

1. 식탁 위에 컵들이 있습니다. (cups, on the table)
   → There are cups on the table.
2. 도서관에는 많은 책들이 있습니다. (in the library, many books)
   → There are many books in the library.

UNIT 01 사회 Different Areas, Different Plants

Subject Words 빈칸에 들어갈 알맞은 단어를 쓰세요.

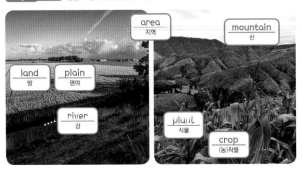

mountain 산
area 지역
land 땅
plain 평야
river 강
plant 식물
crop (농)작물

More Words 우리말에 맞도록 빈칸에 들어갈 알맞은 말을 [보기]에서 찾아 쓰세요.

보기 flat   cooler   richer   grow   high   easily

① Farmers ___grow___ different kinds of plants in different areas.
농부들은 다른 지역에 다른 식물들을 재배합니다.

② Plains are large areas of ___flat___ land around rivers.
평야는 강 주변에 있는 평평한 땅의 넓은 지역입니다.

③ Farmers can get water ___easily___ from the rivers.
농부들은 강에서 물을 쉽게 얻을 수 있습니다.

④ The rivers make the land ___richer___ .
강은 땅을 더 비옥하게 만듭니다.

⑤ Mountains are ___high___ areas of land.
산은 땅의 높은 지역입니다.

⑥ Mountains are ___cooler___ than plains.
산은 평야보다 더 시원합니다.

Chapter 2 plants **11**

Grammar - Writing Link

형용사의 비교급   (~보다) 더 ~한

rich(비옥한), cool(시원한)과 같은 형용사에 -er을 붙이면 '(~보다) 더 ~한'이라는 뜻이에요. 이런 표현을 '형용사의 비교급'이라고 합니다.
참고 3음절이 넘는 긴 형용사는 앞에 more를 붙여 비교급을 나타냅니다.

Step 1 빈칸을 알맞게 채워 문장을 완성해 보세요.

① 강은 땅을 더 비옥하게 만듭니다. (rich)
→ The rivers make the land ___richer___ .

② 산은 평야보다 더 시원합니다. (cool)
→ Mountains are ___cooler___ than plains.

Step 2 우리말 뜻에 맞게 괄호 안의 단어를 알맞은 순서로 배열해 보세요.

① 우리는 더 작은 집으로 이사했습니다. (moved to, we, a smaller house)
→ We moved to a smaller house.

② Sunny 그녀의 여동생보다 더 유명합니다. (her sister, more famous, is, Sunny, than)
→ Sunny is more famous than her sister.

Step 3 우리말 뜻에 맞게 주어진 단어를 사용해 문장을 만들어 보세요.

① 그 아기는 더 크게 자랄 것입니다. (the baby, grow, big, will)
→ The baby will grow bigger.

② 나의 엄마는 나의 아빠보다 나이가 더 많습니다. (my father, old, my mother, is, than)
→ My mother is older than my father.

12 Chapter 2 plants

UNIT 02 과학 Plants Make Their Own Food

Subject Words 빈칸에 들어갈 알맞은 단어를 쓰세요.

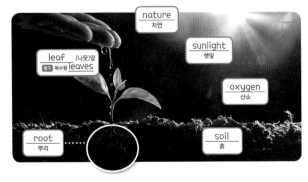

nature 자연
sunlight 햇빛
leaf (나뭇)잎 참고 복수형 leaves
oxygen 산소
root 뿌리
soil 흙

More Words 우리말에 맞도록 빈칸에 들어갈 알맞은 말을 [보기]에서 찾아 쓰세요.

보기 energy   use   own   sugar   gas   chemical

① Plants make their ___own___ food.
식물들은 그들 자신의 음식을 만듭니다.

② Plants ___use___ three things in nature.
식물들은 자연에 있는 세 가지를 이용합니다.

③ Plants have a green ___chemical___ .
식물들은 녹색의 화학물질을 가지고 있습니다.

④ Carbon dioxide is a ___gas___ in the air.
이산화탄소는 공기 중에 있는 기체입니다.

⑤ The ___sugar___ gives plants ___energy___ .
당은 식물에게 에너지를 줍니다.

Chapter 2 plants **13**

Grammar - Writing Link

give A B   A에게 B를 줍니다

'A에게 B를 줍니다'라는 표현은 영어로 'give A B'라고 씁니다. give와 같이 '(누구에게 무엇을) 주다' 라는 의미를 가지고 있는 동사를 우리는 '수여동사'라고 부릅니다.

Step 1 빈칸을 알맞게 채워 문장을 완성해 보세요.

① 당은 식물에게 에너지를 줍니다. (plants, energy)
→ The sugar ___gives___ ___plants___ ___energy___ .

② 식물은 우리에게 산소를 줍니다. (us, oxygen)
→ Plants ___give___ ___us___ ___oxygen___ .

Step 2 우리말 뜻에 맞게 괄호 안의 단어를 알맞은 순서로 배열해 보세요.

① 내가 당신에게 사탕을 주겠습니다. (give, I, a candy, you, will)
→ I will give you a candy.

② 그녀는 그녀의 선생님께 꽃을 드렸습니다. (she, flowers, gave, her teacher)
→ She gave her teacher flowers.

Step 3 우리말 뜻에 맞게 주어진 단어를 사용해 문장을 만들어 보세요.

① 그가 나에게 이 책을 줬습니다. (this book, he, me)
→ He gave me this book.

② 우리 선생님이 우리에게 숙제를 주셨습니다. (our teacher, homework, us)
→ Our teacher gave us homework.

14 Chapter 2 plants

UNIT 03 🎨 미술 Water Lilies

Subject Words 빈칸에 들어갈 알맞은 단어를 쓰세요.

- paint 그리다
- water lily 수련
- painting 그림
- painter 화가

More Words 우리말에 맞도록 빈칸에 들어갈 알맞은 말을 보기에서 찾아 쓰세요.

보기 loved captured pond garden inspired beautiful

1. Monet had a <u>beautiful</u> water <u>garden</u> at his house.
모네는 그의 집에 아름다운 수공원을 가지고 있었습니다.
2. The painter <u>loved</u> the garden.
화가는 그 정원을 대단히 좋아했습니다.
3. There were many water lilies on the <u>pond</u>.
그 연못에는 많은 수련이 있었습니다.
4. The water lilies <u>inspired</u> the painter.
수련은 화가에게 영감을 주었습니다.
5. The painter <u>captured</u> the water lilies in the paintings.
화가는 그림에 수련을 포착했습니다.

Chapter 2 plants 15

Grammar - Writing Link
more than ~ ~ 이상(의)

'~ 이상(의)'이라는 표현은 영어로 비교급의 표현을 써서 'more than ~'으로 나타냅니다. 반대로 '~미만(의)'이라는 표현은 'less than ~'으로 나타냅니다.

Step 1 빈칸을 알맞게 채워 문장을 완성해 보세요.
1. 모네는 30년 이상 수련을 그렸습니다.
→ Monet painted water lilies for <u>more than</u> 30 years.
2. 200점 이상의 수련 그림들이 있습니다.
→ There are <u>more than</u> 200 water lily paintings.

Step 2 우리말 뜻에 맞게 괄호 안의 단어를 알맞은 순서로 배열해 보세요.
1. 300명 이상의 사람들이 마을에 삽니다. (300 people, more than, in the town, live)
→ <u>More than 300 people live in the town.</u>
2. 나는 10권 미만의 책을 읽었습니다. (read, I, less than, 10 books)
→ <u>I read less than 10 books.</u>

Step 3 우리말 뜻에 맞게 주어진 단어를 사용해 문장을 만들어 보세요.
1. 그는 12시간 이상 잠을 잤습니다. (slept, 12 hours, he, for)
→ <u>He slept for more than 12 hours.</u>
2. 그 지역에는 10개 이상의 높은 산이 있습니다. (10 high mountains, there, in the area, are)
→ <u>There are more than 10 high mountains in the area.</u>

16 Chapter 2 plants

UNIT 04 수학 Numbers in Nature

Subject Words 빈칸에 들어갈 알맞은 단어를 쓰세요.

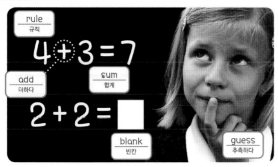

- rule 규칙
- 4 + 3 = 7
- add 더하다
- sum 합계
- 2 + 2 =
- blank 빈칸
- guess 추측하다

More Words 우리말에 맞도록 빈칸에 들어갈 알맞은 말을 보기에서 찾아 쓰세요.

보기 found count mathematician outside between previous

1. Can you guess the number <u>between</u> 5 and 13?
당신은 5와 13 사이의 숫자를 추측할 수 있나요?
2. Each number is the sum of the <u>previous</u> two numbers.
각 숫자는 이전의 두 숫자들의 합계입니다.
3. An Italian <u>mathematician</u> <u>found</u> this rule.
한 이탈리아의 수학자가 이 규칙을 발견합니다.
4. Let's go <u>outside</u> and find some flowers.
바깥에 나가서 몇몇의 꽃들을 찾아봅시다.
5. Let's <u>count</u> the numbers of flower petals.
꽃잎의 숫자를 세어봅시다.

Chapter 2 plants 17

Grammar - Writing Link
명령문 ~하세요, ~해라

'~하세요.' 혹은 '~해라'와 같이 상대방에게 무엇을 하도록 시킬 때 쓰는 문장을 '명령문'이라고 합니다. 명령문은 보통 'You'라는 주어를 따로 쓰지 않고 동사원형으로 시작합니다.

Step 1 빈칸을 알맞게 채워 문장을 완성해 보세요.
1. 아래 숫자들을 보세요. (look)
→ <u>Look</u> at the numbers below.
2. 빈칸 앞에 있는 두 숫자를 더하세요. (add)
→ <u>Add</u> the two numbers before the blank.

Step 2 우리말 뜻에 맞게 괄호 안의 단어를 알맞은 순서로 배열해 보세요.
1. 이 책을 읽으세요. (this, read, book)
<u>Read this book.</u>
2. 일찍 자세요. (bed, to, early, go)
→ <u>Go to bed early.</u>

Step 3 우리말 뜻에 맞게 주어진 단어를 사용해 문장을 만들어 보세요.
1. 당신의 책들을 가방에 넣으세요. (in the bag, your books, put)
→ <u>Put your books in the bag.</u>
2. 하늘에 있는 별의 수를 세어보세요. (count, stars, in the sky, the number of)
→ <u>Count the number of stars in the sky.</u>

18 Chapter 2 plants

53

UNIT 01 사회 We Live Together

Subject Words 빈칸에 들어갈 알맞은 단어를 쓰세요.

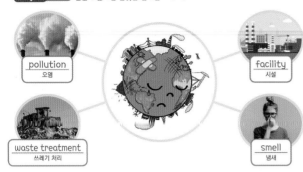

pollution
오염

facility
시설

waste treatment
쓰레기 처리

smell
냄새

More Words 우리말에 맞도록 빈칸에 들어갈 알맞은 말을 (보기)에서 찾아 쓰세요.

보기   worry   selfish   Backyard   express   town   opinion

1. A waste treatment facility will open in Jiho's ___town___.
   쓰레기 처리시설이 Jiho네 도시에 생길 것입니다.

2. Jiho's neighbors ___worry___ about the bad smell.
   Jiho의 이웃들은 안 좋은 냄새를 걱정합니다.

3. NIMBY means "Not in My ___Backyard___."
   님비는 "내 뒷마당에는 안 된다"를 의미합니다.

4. Some people think NIMBY is ___selfish___.
   어떤 사람들은 님비를 이기적이라고 생각합니다.

5. Anyone can ___express___ their ___opinion___.
   누구든 자신의 의견을 표현할 수 있습니다.

Grammar - Writing Link

Some say ~   어떤 사람들은 ~라고 말합니다

'어떤 사람들은 ~라고 말합니다'는 영어로 'Some say ~'라고 표현할 수 있어요. 이때, 'some'은 some people(어떤 사람들)의 의미로 쓰입니다.

Step 1 빈칸을 알맞게 채워 문장을 완성해 보세요.

1. 어떤 사람들은 님비가 나쁘다고 말합니다.
   → ___Some___ ___say___ NIMBY is bad.

2. 어떤 사람들은 님비가 나쁘지 않다고 말합니다.
   → ___Some___ ___say___ NIMBY is not bad.

Step 2 우리말 뜻에 맞게 괄호 안의 단어를 알맞은 순서로 배열해 보세요.

1. 어떤 사람들은 텔레비전이 나쁘다고 말합니다. (is, some, television, say, bad)
   → ___Some say television is bad.___

2. 어떤 사람들은 그가 친절하다고 말합니다. (he, some, is, kind, say)
   → ___Some say he is kind.___

Step 3 우리말 뜻에 맞게 주어진 단어를 사용해 문장을 만들어 보세요.

1. 어떤 사람들은 게임이 재미있다고 말합니다. (games, fun, are)
   → ___Some say games are fun.___

2. 어떤 사람들은 그 책이 재미없다고 말합니다. (is, the book, not fun)
   → ___Some say the book is not fun.___

UNIT 02 과학 Food Chains and Food Webs

Subject Words 빈칸에 들어갈 알맞은 단어를 쓰세요.

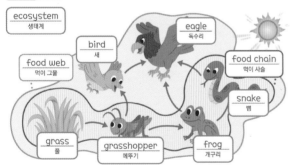

ecosystem
생태계

eagle
독수리

bird
새

food web
먹이 그물

food chain
먹이 사슬

snake
뱀

grass
풀

grasshopper
메뚜기

frog
개구리

More Words 우리말에 맞도록 빈칸에 들어갈 알맞은 말을 (보기)에서 찾아 쓰세요.

보기   type   connected   web   eats   chain   like

1. The grasshopper ___eats___ grass.
   메뚜기는 풀을 먹습니다.

2. They are ___connected___ in a ___chain___.
   그들은 사슬로 연결되어 있습니다.

3. One ___type___ of animal eats more than one plant or animal.
   한 종류의 동물이 하나 이상의 식물이나 동물을 먹습니다.

4. These food chains are connected ___like___ a ___web___.
   이러한 먹이 사슬은 그물처럼 연결되어 있습니다.

Grammar - Writing Link

call A B   A를 B라고 부릅니다[이름 짓습니다]

call은 '~을 부르다'라는 뜻의 동사입니다. call 다음에 명사(구) 두 개가 나란히 와서 'call A B'가 되면 'A를 B라고 부릅니다', 'A를 B라고 이름 짓습니다'라는 의미가 됩니다.

Step 1 빈칸을 알맞게 채워 문장을 완성해 보세요.

1. 우리는 이것을 먹이 사슬이라고 부릅니다.
   → We ___call___ this a food chain.

2. 우리는 이것을 먹이 그물이라고 부릅니다.
   → We ___call___ this a food web.

Step 2 우리말 뜻에 맞게 괄호 안의 단어를 알맞은 순서로 배열해 보세요.

1. 나는 나의 개를 Max라고 부릅니다. (my dog, Max, call, I)
   → ___I call my dog Max.___

2. 우리는 우리 아기를 Jim이라고 이름 지었습니다. (Jim, we, our baby, called)
   → ___We called our baby Jim.___

Step 3 우리말 뜻에 맞게 주어진 단어를 사용해 문장을 만들어 보세요.

1. 나의 부모님은 나를 Jane이라고 이름 지었습니다. (my parents, Jane, me)
   → ___My parents called me Jane.___

2. 사람들은 Tom을 꿀벌이라고 부릅니다. (people, a honey bee, Tom)
   → ___People call Tom a honey bee.___

UNIT 03 (체육) Good Relationships through Sports

Subject Words 빈칸에 들어갈 알맞은 단어를 쓰세요.

sports 운동
soccer 축구
fall down 넘어지다 참고 과거형 fell down
compete against ~와 경쟁하다

More Words 우리말에 맞도록 빈칸에 들어갈 알맞은 말을 보기 에서 찾아 쓰세요.

보기   helped   respect   work   teamwork   roles   trust

1. Jack's team learned how to ___work___ together.
   Jack의 팀은 함께 일하는 방법을 배웠습니다.
2. Jack and his friends know their ___roles___.
   Jack과 친구들은 그들의 역할을 압니다.
3. Jack and his friends ___trust___ each other.
   Jack과 친구들은 서로를 믿습니다.
4. A friend ___helped___ Jack up.
   한 친구가 Jack이 일어나도록 도와주었습니다.
5. Jack and his friends learn ___teamwork___ and ___respect___ through sports.
   Jack과 친구들은 운동을 통해 팀워크와 존중을 배웁니다.

Grammar - Writing Link

how to + 동사원형   ~하는 방법

'how to + 동사원형'은 '~하는 방법'이라는 뜻의 명사구로, 주로 문장에서 목적어로 쓰입니다.

Step 1 빈칸을 알맞게 채워 문장을 완성해 보세요.

1. Jack의 팀은 함께 일하는 방법을 배웠습니다. (work)
   → Jack's team learned ___how___ ___to___ ___work___ together.
2. 그 팀들은 서로를 존중하는 방법을 배웠습니다. (respect)
   → The teams learned ___how___ ___to___ ___respect___ each other.

Step 2 우리말 뜻에 맞게 괄호 안의 단어를 알맞은 순서로 배열해 보세요.

1. 나는 수영하는 방법을 배웠습니다. (I, how to, learned, swim)
   → ___I learned how to swim.___
2. 그는 기타 치는 방법을 모릅니다. (how to, know, play, he, the guitar, doesn't)
   → ___He doesn't know how to play the guitar.___

Step 3 우리말 뜻에 맞게 주어진 단어를 사용해 문장을 만들어 보세요.

1. 나는 카메라를 사용하는 방법을 압니다. (know, use, a camera, I)
   → ___I know how to use a camera.___
2. 내 남동생은 자전거 타는 방법을 배웠습니다. (my brother, ride, a bike, learned)
   → ___My brother learned how to ride a bike.___

UNIT 04 (수학) Three Friends: Gram, Kilogram, and Ton

Subject Words 빈칸에 들어갈 알맞은 단어를 쓰세요.

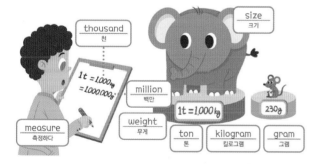

thousand 천
size 크기
million 백만
weight 무게
measure 측정하다
ton 톤
kilogram 킬로그램
gram 그램
1t =1,000㎏ =1000,000g
1t =1,000 ㎏
230g

More Words 우리말에 맞도록 빈칸에 들어갈 알맞은 말을 보기 에서 찾아 쓰세요.

보기   among   close   heavy   huge   items   light

1. These three friends have a ___close___ relationship.
   이 세 친구는 가까운 관계입니다.
2. They all represent weight of ___items___.
   그들은 모두 물품들의 무게를 나타냅니다.
3. The gram is the smallest ___among___ the three friends.
   그램은 세 친구 중에서 가장 작습니다.
4. We measure ___light___ items in grams.
   우리는 가벼운 물품을 그램으로 측정합니다.
5. We measure ___heavy___ items in kilograms.
   우리는 무거운 물품을 킬로그램으로 측정합니다.
6. We measure ___huge___ items in tons.
   우리는 거대한 물품을 톤으로 측정합니다.

Grammar - Writing Link

배수사 + 비교급   ~보다 몇 배 더 ~한

영어로 배수를 표현할 때 2배는 'twice'라고 쓰고, 3배부터는 '숫자(기수) times'라고 씁니다. 이런 배수 표현을 배수사라고 합니다. 배수사 다음에 비교급을 같이 쓰면 '~보다 몇 배 더 ~한'이라는 뜻이에요.

Step 1 빈칸을 알맞게 채워 문장을 완성해 보세요.

1. 1킬로그램은 1그램보다 천 배 더 큽니다. (a thousand)
   → A kilogram is ___a___ ___thousand___ ___times___ bigger than a gram.
2. 1톤은 1그램보다 백만 배 더 큽니다. (a million)
   → A ton is ___a___ ___million___ ___times___ bigger than a gram.

Step 2 우리말 뜻에 맞게 괄호 안의 단어를 알맞은 순서로 배열해 보세요.

1. 그것은 그녀보다 다섯 배 더 큽니다. (five times, it, than, her, is, bigger)
   → ___It is five times bigger than her.___
2. 이 행성은 지구보다 열 배 더 큽니다. (this planet, the earth, ten times, larger, is, than)
   → ___This planet is ten times larger than the earth.___

Step 3 우리말 뜻에 맞게 주어진 단어를 사용해 문장을 만들어 보세요.

1. 10은 2보다 다섯 배 더 큽니다. (bigger, 2, is, 10, than)
   → ___10 is five times bigger than 2.___
2. Henry는 Chris보다 세 배 더 무겁습니다. (heavier, Henry, Chris, is, than)
   → ___Henry is three times heavier than Chris.___

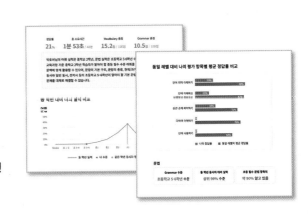